Kritische Studien zur Literatur und Quellenkunde der Wirtschaftsgeschichte

von

Dr. Karl Bräuer

Assistent des Volkswirtschaftlichen Seminars
an der Universität Leipzig

Leipzig
Verlag von Veit & Comp.
1912

Sonderabdruck aus:
Volkswirtschaftliche und wirtschaftsgeschichtliche Abhandlungen
W. Stieda
zum 60. Geburtstage dargebracht

Inhaltsverzeichnis.

Vorwort.

Die nachstehenden Untersuchungen gründen sich auf jahrelange Vorstudien und Materialsammlungen. Einen willkommenen Anlaß zu ihrer Verwertung gab die Einladung zur Mitarbeit an der Festgabe für Wilhelm Stieda, aus welcher die folgenden Ausführungen einen Separatabdruck bilden.

Die ersten systematischen Forschungen auf dem hier betretenen Gebiet verdanken wir Inama-Sternegg. Er erkannte mit klarem Blick, daß eine Kenntnis der wirtschaftsgeschichtlichen Quellen die notwendige und unentbehrliche Grundlage bildet für die wissenschaftliche Verwertung des weithin zerstreuten Materials. Seine gegen Ende der 1870er Jahre erschienenen Untersuchungen über Urbare und urbariale Aufzeichnungen, sowie über die Quellen der Wirtschaftsgeschichte waren in mancher Hinsicht bahnbrechend und ihre Ergebnisse sind heute Gemeingut der wirtschaftsgeschichtlichen Literatur. Diese quellenkritischen Studien hat Inama-Sternegg ergänzt durch seine Untersuchungen über die Quellen der Preisgeschichte und der historischen Bevölkerungsstatistik.

Von diesen Arbeiten trennt uns ein Zeitraum von Jahrzehnten. Inzwischen ist durch die fortschreitenden Ordnungsarbeiten der Archive und die Inventarisierung ihrer Bestände sowie durch die Tätigkeit der lokalen Geschichtsvereine und der landesgeschichtlichen Publikationsinstitute außerordentlich reiches Quellenmaterial zutage gefördert worden. Außer den erwähnten Arbeiten von Inama-Sternegg sind indessen nur wenige Versuche unternommen, einen größeren Kreis wirtschaftsgeschichtlicher Quellen systematisch zu untersuchen, wie dies z. B. von Jastrow hinsichtlich der Quellen zur historischen Bevölkerungsstatistik oder von Stieda für die Quellen der Handelsstatistik im Mittelalter geschehen ist.

In den nachfolgenden Studien wird der Versuch gemacht, eine größere Anzahl wirtschaftsgeschichtlicher Quellen kritisch zu betrachten, wobei hauptsächlich auch auf die Methode ihrer wissenschaftlichen Verwertung und die wichtigste Literatur Rücksicht genommen ist. Da nur ein Teil des bereits gesammelten Materials hier verarbeitet wurde, ist eine Weiterführung dieser Untersuchungen für später in Aussicht genommen. Auch an dieser Stelle möchte ich meinem Freund Dr. Otto Ruppersberg, Archivar am Frankfurter Stadtarchiv, für seine bereitwillige Hilfe herzlichen Dank aussprechen.

Frankfurt a. M., den 20. März 1912.

Karl Bräuer.

Einleitung.

Über die Stellung der Wirtschaftsgeschichte im System der Wissenschaften herrscht noch heute keine Klarheit, auch der Bereich ihrer Aufgaben ist noch nicht in genügender Weise umgrenzt worden. Die meisten Historiker sehen in ihr lediglich einen Bestandteil der Geschichtswissenschaft, während sie die Nationalökonomen in gleicher Weise als einen Teil der Wirtschaftslehre in Anspruch nehmen. Diese Tatsache bringt es mit sich, daß die Wirtschaftsgeschichte noch bis zur Stunde um die Anerkennung ihrer selbständigen wissenschaftlichen Bedeutung kämpfen muß.

Die Selbständigkeit der Wirtschaftsgeschichte ist jedoch nicht aufzufassen als Unabhängigkeit von ihren Nachbarwissenschaften, im Gegenteil, sie ist von Geschichte, Nationalökonomie und Rechtswissenschaft abhängiger als jede andere Disziplin. Sie steht zur Nationalökonomie in gleichem Verhältnis wie die Rechtsgeschichte zur Rechtswissenschaft, und ihre Beziehungen zur allgemeinen Historie sind nicht weniger innige als diejenigen der Kulturgeschichte i. e. S., der Kirchengeschichte usw. Ihre Selbständigkeit äußert sich jedoch darin, daß sie die Ergebnisse und Methoden der Nachbarwissenschaften für ihre eigenen Zwecke weiterbildet. Erst durch die Verbindung historischer und wirtschaftswissenschaftlicher Forschung kommen ihre Ergebnisse zustande und können daher auch selbständige Bedeutung beanspruchen.

Die Wirtschaftsgeschichte bewegt sich also auf einem Grenzgebiet verschiedener Nachbarwissenschaften, vor allem der Geschichte, Nationalökonomie und Rechtswissenschaft. Daher genießt sie den Vorteil, daß ihr von anderen Zweigen der Wissenschaft wertvolle und unentbehrliche Vorarbeiten geleistet werden, allerdings ist damit auch der Nachteil verbunden, daß ihre Literatur großenteils in den Werken und Zeitschriften anderer Gebiete zerstreut und daher äußerst schwer zu übersehen ist. Wenngleich fast alle nationalökonomischen und historischen Zeitschriften ihre Spalten der Wirtschaftsgeschichte öffnen und eine Zeitschrift sich ihr vollständig widmet, besitzen wir nirgends eine Sammelstelle, welche auch nur einigermaßen einen Überblick über die literarischen Erzeugnisse dieses Gebietes gibt. Die mühevollen kritischen Zusammenstellungen, welche Lamprecht und Hoeniger für die Jahre 1882, 1884 und 1885 geliefert haben,[1]) sind leider nicht mehr fortgeführt worden, insbesondere besitzen wir kein Mittel, um die umfangreiche wirtschaftsgeschichtliche Literatur der Zeitschriften historischer Vereine bequem und einigermaßen vollständig zu übersehen. Es liegt in der Natur der Sache, daß auch die vortreffliche Quellenkunde von Dahlmann-Waitz (7. Aufl. von Brandenburg) für wirtschaftsgeschichtliche Spezialstudien wegen der großen Lücken und insbesondere wegen der Eingliederung der hierher gehörigen Literatur in das System der politischen Geschichte vielfach versagt.

Neuerdings macht Sommerlad den kaum ernst zu nehmenden Versuch, die Wirtschaftsgeschichte für den Historiker zu retten und den von der Nationalökonomie kommenden Mitarbeitern auf diesem Gebiet den Rang streitig zu machen.[2]) Nach seiner Meinung ist die Wirtschaftsgeschichte einzig und allein dem Arbeitgebiet des Historikers, nicht dem des Nationalökonomen zuzuweisen, und er tritt mit aller Entschiedenheit dafür ein, daß der Historiker „Herr im Hause sei, das er aufgebaut"; er soll „mit dem Rüstzeug seines Faches und seiner Methode auf diesem seinem eigentümlichen Neuland schalten und walten". Wenn Sommerlad auch im Verlauf seiner Darstellung mit Lamprecht scharf ins Gericht geht, so schreibt er ihm doch das große Verdienst zu, die Wirtschaftsgeschichte endgültig für den Historiker zurückerobert zu haben.

Diese Ausführungen wirken doppelt befremdend, wenn man bedenkt, daß gerade die historische Schule der Nationalökonomie den mächtigsten Anstoß zur Begründung der Wirtschaftsgeschichte gab, und daß gerade ein Nationalökonom und Meister der statistischen Technik (Inama-Sternegg) zum ersten Male den Versuch zu einer deutschen Wirtschaftsgeschichte des Mittelalters gewagt hat. Aus den angeführten Worten Sommerlads spricht also eine Un-

---

[1]) K. Lamprecht und R. Hoeniger, Die wirtschaftsgeschichtlichen Studien in Deutschland, Jahrb. f. Nat. u. Stat. N. F. Bd. 6, 8, 9, 11.

[2]) Theo Sommerlad, Wirtschaftsgeschichte und Gegenwart, Leipzig 1911.

kenntnis der elementarsten Vorgänge auf diesem Gebiet, und er steht auch mit der sonderbaren Auffassung, daß nur der Historiker zu wirtschaftsgeschichtlichen Forschungen berufen sei, soviel ich sehe, ganz vereinzelt da. Die Verdienste der Historiker sowohl als auch der Nationalökonomen um diesen Zweig der Wissenschaft sind beiderseits freudig anerkannt worden und liegen auch für jeden Kundigen offen zutage. Es wäre geradezu unverständlich und undankbar, wenn die Nationalökonomen die hervorragenden Leistungen von Lamprecht, Dietrich Schäfer, G. v. Below, Gothein, Aloys Schulte u. a. auf diesem Gebiete nicht anerkennen wollten, und ebenso ungerecht wäre es von den Historikern, die bahnbrechenden wirtschaftsgeschichtlichen Arbeiten von Roscher, Schmoller, Schönberg, Stieda, Bücher u. a. nicht als solche gelten zu lassen. Gegenüber den überhebenden Worten Sommerlads geben doch die von umfassender Sach- und Literaturkenntnis getragenen Ausführungen Gotheins über den Zustand der wirtschaftsgeschichtlichen Forschung ein ganz anderes Bild. Er beklagt die Vernachlässigung wirtschaftlicher Vorgänge in der politischen Geschichtschreibung und bekennt, daß die Emanzipation der Wirtschaftsgeschichte ja eben gerade nicht von den Historikern, sondern von den Nationalökonomen historischer Richtung ausgegangen sei.[1])

Für den Wirtschaftshistoriker ist das Rüstzeug des Nationalökonomen wie des Historikers gleich unentbehrlich. Will er das Werden und Vergehen wirtschaftlicher Einrichtungen in weiter zurückliegende Zeiten verfolgen, so muß er sich ebenso mit den allgemeinen Grundsätzen historischer Quellenforschung, Diplomatik und Urkundenlehre, wie auch mit den nationalökonomischen Begriffen und statistischen Methoden vertraut machen. Wer z. B. eine Geschichte des Geld- und Münzwesens schreibt, muß sich doch zuvor die Begriffe Währung, Schlagschatz, Scheidemünze u. dgl. zu eigen machen, ehe er die Zustände der Vergangenheit verstehen kann. Ebenso wird jeder, der sich mit der Geschichte des Steuerwesens beschäftigt, sich zuvor klar werden müssen über die steuerlichen Grundbegriffe (Subjekt- und Objektsteuern, direkte und indirekte Steuern, Steuerüberwälzung, Höherbelastung fundierter Bezüge, Schonung des Existenzminimums u. dgl.).

---

[1]) vgl. E. Gothein, Abschnitt „Wirtschaftsgeschichte“, in Die deutschen Universitäten, herausgegeben von W. Lexis, 1893 Bd. 1 S. 583ff.

Bei vorurteilsfreier Prüfung zeigt sich allerdings, daß die Vertreter der Geschichte wie der Nationalökonomie hinsichtlich der Verwertung ihrer gegenseitigen Forschungsergebnisse für die Wirtschaftsgeschichte noch immer nicht in wünschenswerter Weise Hand in Hand gehen. Vielfach ist bei den Historikern ein Mangel hinsichtlich der Verwendung nationalökonomischer Begriffe und statistischer Methoden unverkennbar. So z. B. findet man selbst in sonst vortrefflichen historischen Arbeiten nicht selten dilettantische Umrechnungen älterer Geldausdrücke in Reichsmark, die entweder die veränderte Kaufkraft des Geldes außer acht lassen oder zum mindesten nicht berücksichtigen, daß es für diese Veränderung keinen allgemeinen zahlenmäßigen Ausdruck geben kann. Schließlich wird gewöhnlich von den Historikern — allerdings nicht selten auch von den Nationalökonomen — die Eigenart der wirtschaftlichen Entwicklung übersehen und der Darstellung die bei der politischen Geschichte übliche Periodisierung zugrunde gelegt, ein Fehler, auf den noch zurückzukommen ist.

Andererseits herrscht bei den Nationalökonomen noch vielfach die Neigung, wirtschaftliche Erscheinungen der Vergangenheit zu isoliert, nicht genügend im Zusammenhang mit dem allgemeinen Verlauf der geschichtlichen Entwicklung zu betrachten. Es ist nicht zu bestreiten, daß die großen politischen Ereignisse der Weltgeschichte immer den Hintergrund abgeben müssen für die Schilderung der gesamten wirtschaftlichen Entwicklung; sie bilden in letzter Linie den Rahmen, in welchen die Wirtschaftsgeschichte das Bild einzeichnen muß. Kein Einsichtiger wird sich der Tatsache verschließen, daß z. B. die Kreuzzüge auf die Ausdehnung und Richtung des Handelsverkehrs einen hervorragenden Einfluß ausübten, und daß die lokale Entwicklung des deutschen Münz- und Geldwesens aufs innigste zusammenhängt mit der territorialen Zerplitterung des alten deutschen Reiches.

Vielfach ist auch bei den von Nationalökonomen besorgten wirtschaftsgeschichtlichen Arbeiten ein Mangel an historischer Schulung auffallend; insbesondere zeigt sich bei der Herausgabe wirtschaftsgeschichtlicher Quellenwerke, daß sie oft die Methoden historischer Forschung nicht in einwandfreier Weise beherrschen. So begegnet man nur zu häufig in sonst wertvollen Arbeiten dem buchstabengetreuen Abdruck von Quellen des 16. und 17. Jahrhunderts mit der ganz willkürlichen Verwendung großer und kleiner Anfangsbuchstaben und der sinnlosen Häufung von Konsonanten. Es wäre sehr wünschenswert, daß sich die Bearbeiter viel mehr als dies bisher geschah, mit den üblichen Editionsregeln, insbesondere den Waitzsäckerschen Grundsätzen und den Vorschlägen zur ihrer Verbesserung vertraut machten. Aus alledem ergibt sich, daß jeder wirkliche Fortschritt in der Erforschung der Wirtschaftsgeschichte von einem ersprießlichen Zusammenarbeiten der Historiker und Nationalökonomen abhängt.

Es ist bezeichnend für den Mangel an einer sicheren Grundlage der Wirtschaftsgeschichte, daß man, wie schon angedeutet, von einer selbständigen und dem geschichtlichen Verlauf entsprechenden Periodisierung noch weit entfernt ist. Gewöhnlich knüpft man an die für die allgemeine weltgeschichtliche Entwicklung üblichen Begriffe: Altertum, Mittelalter und Neuzeit an, und nur wenige Schriftsteller machen hiervon eine Ausnahme.

Faßt man dagegen in richtiger Weise die wirtschaftliche Entwicklung als eine Einheit auf, dann kommt man, falls größere Zeiträume übersehen werden sollen, von selbst auf die Notwendigkeit der Bildung selbständiger Perioden für die Wirtschaftsgeschichte. Wer z. B. eine Geschichte des deutschen Münz- und Geldwesens im Mittelalter mit dem Jahr 1500 abschließt, begeht einen großen Fehler, denn hier bildet auf alle Fälle erst die zweite Hälfte des 16. Jahrhunderts (Reichsmünzordnung von 1559) den Anfang einer neuen Zeit. Noch viel weniger bedeutet das Jahr 1500 für die Verfassung des Handels eine Epoche,[1]) denn hier treten uns noch Jahrhunderte später im großen und ganzen dieselben Formen gegenüber. Bezüglich des Gewerbewesens hat gelegentlich v. Below treffend bemerkt, daß dieser Zeitpunkt einen weniger bedeutenden Einschnitt darstellt, als etwa das Jahr 1800 bezw. 1810[2]) und in anderem Zusammenhang erwähnt er, daß die Wirtschaftsgeschichte des 16. Jahrhunderts in mancher Beziehung noch dem Mittelalter angehört.[3]) Hinsichtlich der Entwicklung des Städtewesens macht Koehne mit Recht geltend, daß für diejenigen Städte, welche ihre Unabhängigkeit bis zum Untergang des alten deutschen Reiches er-

[1]) vgl. die Ausführungen bei Keutgen, Der Großhandel im Mittelalter, Hansische Geschichtsblätter Jahrg. 1901 S. 69 N. 5.

[2]) G. v. Below, Der Untergang der mittelalterlichen Stadtwirtschaft, Jahrb. f. Nat. u. Stat. 3. Folge Bd. 17 (1901) S. 629 N. 1.

[3]) G. v. Below, Zeitschr. f. deutsches Altertum Bd. 47 (1904) S. 273.

halten konnten, das Mittelalter eigentlich bis zum Ende des 18. Jahrhunderts gedauert habe.[1])

Diese Beispiele dürften genügen, um zu zeigen, daß man bei der Behandlung von Einzelfragen gegen die übliche Einteilung große Bedenken geltend gemacht hat. Es kann auch gar kein Zweifel bestehen, daß die übliche Periodisierung: Altertum, Mittelalter, Neuzeit bei der Anwendung auf wirtschaftsgeschichtliche Untersuchungen in vielen Fällen den Tatsachen Gewalt antut. Die praktische Folge dieser unrichtigen Einteilung ist, daß sowohl bei der Veröffentlichung von Quellen wie bei Darstellungen oft in ganz willkürlicher Weise mit dem Jahr 1500 ein Einschnitt gemacht wird. Man unterbricht also unnötig den geschichtlichen Zusammenhang und den Fluß der Entwicklung gerade bei einem Zeitpunkt, seit welchem die Quellen besonders reichlich fließen. Es wäre daher sehr zu wünschen, daß man künftig bei der Herausgabe von Quellen wie bei Darstellungen (z. B. des Gewerbewesens, der Lebensmittelversorgung, der Verwaltung und Verfassung der Städte usw.) nur dort einen zeitlichen Einschnitt macht, wo in der Entwicklung der behandelten Einrichtungen auch wirklich eine grundlegende Änderung zutage tritt.

Was nun die wirtschaftsgeschichtlichen Quellen betrifft, so hat bereits Inama-Sternegg in seinen bekannten quellenkritischen Untersuchungen[2]) darauf hingewiesen, daß die Wirtschaftsgeschichte nicht über einen geschlossenen Kreis von Quellen verfügt, wie z. B. die Rechtsgeschichte. Um so dringender glaubte er daher die Forderung erheben zu müssen, an Stelle der mehr zufälligen historischen Entdeckungen eine systematische Quellenforschung treten zu lassen. Die von Inama-Sternegg vor nunmehr 35 Jahren festgestellte Tatsache, daß der Wirtschaftsgeschichte ein Überblick über die ihr zu Gebote stehenden Quellen und eine Kenntnis ihrer Eigenart fehlt, trifft in gewisser Weise noch heute zu, wenngleich die wirtschaftsgeschichtliche Forschung inzwischen einen ungeahnten Aufschwung erlebt hat.

Im folgenden ist nun der Versuch gemacht, für eine Anzahl

---

[1]) Koehne, Korrespondenzblatt des Gesamtvereins der deutschen Geschichts- und Altertumsvereine Jahrg. 1905 Sp. 272.

[2]) K. Th. v. Inama-Sternegg, Über die Quellen der deutschen Wirtschaftsgeschichte, Sitz.-Ber. der phil.-histor. Klasse der Wiener Akademie Bd. 84 (1877.) S. 141.

von Quellen bezw. Quellengruppen eine zusammenfassende Übersicht zu geben, die jedoch in keiner Weise den Anspruch erhebt, etwas Vollständiges zu bieten. Das ist weder angestrebt hinsichtlich der erwähnten Literatur als noch viel weniger für die in Betracht kommenden Quellen; im Gegenteil, große Quellengruppen sind überhaupt ausgeschieden, um den Umfang nicht noch mehr anschwellen zu lassen. Was hier geboten wird, soll nur einen bescheidenen Beitrag liefern zu der noch so wenig ausgebauten Quellenkunde der Wirtschaftsgeschichte.

A. Allgemeine Quellen.

1. Bodenfunde.

Die Wirtschaftsgeschichte hat die Aufgabe, das private und öffentliche Wirtschaftsleben der Vergangenheit wieder zu beleben. Sie darf sich daher weder an eine zeitliche noch an eine räumliche Grenze binden, soweit die Möglichkeit besteht, schriftliche Quellen zu ermitteln oder andere geschichtliche Zeugnisse aufzufinden, die über wirtschaftliche Verhältnisse Aufschluß geben. Für die ältesten Zeiten, in denen schriftliche Aufzeichungen fehlen, besitzen wir in den Schätzen, welche die Bodenforschung so reichlich zutage fördert, ein weit ausgedehntes Quellenmaterial, das uns besonders über die Form der Besiedelung, sowie über die Züge und Richtung des Handelsverkehrs Aufschluß geben kann.

Allerdings ist die Erschließung gerade dieses Materials für die Wirtschaftsgeschichte besonders schwierig, da für den Bearbeiter archäologische Schulung und Kenntnis der älteren Wirtschaftsverfassung notwendig ist, wenn er die Einzelheiten in den für die Siedelungsgeschichte wichtigen Zusammhang rücken will. Die für die Wirtschaftsgeschichte der Praehistorie in Betracht kommenden Ergebnisse der Bodenforschung sind in den Zeitschriften der lokalen Geschichtsvereine und der praehistorischen Literatur weit zerstreut. Wohl die beste zusammenfassende Darstellung für den Wirtschaftshistoriker bietet das groß angelegte Werk von Hoernes,[1] der in eigenartiger Weise eine Verbindung des vorgeschichtlichen Stoffes mit ethnographischen Forschungen anstrebt. Seine im Jahre 1892 zuerst erschienene „Urgeschichte der Menschen nach dem heutigen Stand der Wissenschaft“ ist vollständig umgearbeitet und

[1]) Moritz Hoernes, Natur und Urgeschichte des Menschen. 2 Bde. 1909.

nach Anlage und Inhalt so verändert, daß sein jetzt „Natur und Urgeschichte des Menschen" betiteltes Werk keine Neuauflage, sondern eine vollständige Neubearbeitung darstellt.[1])

Die praehistorische Forschung hat gerade in jüngster Zeit für die älteste Siedelungsgeschichte eine Fülle von Zeugnissen zutage gefördert, die für die Wirtschaftsgeschichte der Urzeit noch nicht die gebührende Würdigung gefunden haben. Insbesondere die Pfahlbauforschung kann bedeutende Erfolge aufweisen. Wir kennen jetzt über 300 Pfahldörfer aus der Schweiz, Frankreich, Italien, Österreich und Deutschland, welche den Zeitraum von 4000 bis 750 v. Chr., also die Stein-, Kupfer- und Bronzezeit umfassen.[2]) Umfangreiche dörfliche Niederlassungen aus neolithischer Zeit, bestehend aus einer großen Zahl dicht bei einander liegenden Wohngruben, sind — insbesondere im Gebiet des Frankfurter Osthafens — aufgedeckt worden. Weitere Zeugnisse vorgeschichtlicher Besiedelung des Bodens sind die in den letzten Jahrzehnten häufig nachgewiesenen Ringwälle, von welchen die größeren Anlagen als Umgrenzung von Wohnplätzen, die kleineren als Fliehburgen für vorübergehenden Aufenthalt festgestellt werden konnten. Zahlreiche Funde von Steinwerkzeug, Muscheln und keramischen Erzeugnissen im mittleren Rheingebiet weisen auf Handelsbeziehungen mit Frankreich, Norddeutschland, dem Mittelmeer usw. hin.[3])

Nicht minder bedeutsam ist die Bodenforschung für die römisch-germanische Periode in Deutschland. Vielfach haben die Boden-

---

[1]) Für die Wirtschaftsgeschichte sind von besonderem Interesse die Ausführungen über Pfahlbauforschung (Bd. 2 S. 98ff.), über Verkehr und Handel (Bd. 2 S. 466ff.).

[2]) Eine Aufzählung der bis jetzt gefundenen Niederlassungen gibt Hoernes a. a. O. Bd. 2 S. 98ff.

[3]) vgl. Schumacher, Kultur und Handelsbeziehungen des Mittelrheingebietes und insbesondere Hessens während der Bronzezeit. Westdeutsche Zeitschr. Bd. 20 (1901) S. 192ff., sowie dessen Ausführungen über die handelsgeschichtlichen Beziehungen der Oberrheinebene der Bronzezeit in Neue Heidelberger Jahrb. Bd. 9 (1900) S. 256ff. Über die Geschichte des Verkehrs zwischen Italien und dem Norden für die römische und vorrömische Zeit vgl. die vortreffliche Arbeit von F. Duhn, Die Benützung der Alpenpässe im Altertum, Neue Heidelberger Jahrb. Bd. 2 (1892) S. 55ff., und eine neuere Arbeit von F. Sauer in Petermanns geographischen Mitteilungen (1906) S. 46ff. unterrichtet über die Geschichte der alten Handelsstraßen in Deutschland. Vgl. auch O. Montelius, Der Handel in der Vorzeit, Praehistorische Zeitschr. Bd. 2 (1910) S. 249ff.

funde hier wirtschaftliche Einrichtungen nachgewiesen, deren Vorhandensein uns zwar aus römischen Schriftstellern für andere Gebiete des Römerreichs teilweise bekannt ist, für deren Bestehen in unserer Gegend aber weitere Anhaltpunkte fehlten. Die mit großem Erfolg betriebene Limesforschung verbreitet auch in dieser Beziehung viel Licht, und besonders die lokalen Geschichts- und Altertumsvereine entfalten eine rührige Tätigkeit, um die Siedelungsverhältnisse in den römisch-germanischen Grenzgebieten aufzuklären. So hat z. B. der Frankfurter Geschichts- und Altertumsverein unter Leitung von Wolff durch systematische Forschungen die Siedelungsverhältnisse im römischen Nidda in geradezu vorbildlicher Weise klargelegt, obgleich von der sehr bedeutenden Römerstadt kein Stein mehr auf dem anderen geblieben war, und eine Kulturschicht von mehreren Metern die Reste der ehemaligen Stadt bedeckte.[1])

2. Ägyptische Papyri, Inschriften.

Die Wirtschaftsgeschichte des Altertums ist durch das Zusammenwirken von politischer Geschichte, Sprachforschung und Rechtsgeschichte sehr gefördert worden. Infolge der trefflichen Arbeiten von Mommsen, Böckh, Hultsch, Eduard Meyer u. a. sind wir über diese Periode in vieler Beziehung besser unterrichtet als über die Wirtschaftsgeschichte des frühen Mittelalters. Auch in allgemeinen Geschichtswerken wird auf wirtschaftliche Fragen jener Zeit viel mehr Rücksicht genommen, als das bei mittelalterlichen und neuzeitlichen Darstellungen gewöhnlich der Fall ist.

Allerdings werden viele Fragen der Wirtschaftsgeschichte des Altertums aus Mangel an Quellen für alle Zeiten ungelöst bleiben, doch ist für die ägyptische Wirtschaftsgeschichte Material ans Licht gebracht worden, welches den allerreichsten Ertrag verspricht. Anfangs durch Zufallsfunde, seit den 70er Jahren des 19. Jahrhunderts durch systematische Grabungen, sind in den Papyrusurkunden, welche von der Zeit Alexanders des Großen etwa 1000 Jahre vorwärts reichen, ungeahnte Schätze erschlossen worden. Auch die schriftlichen Aufzeichnungen auf Kalksteinsplitter, Holz, Pergamente, Papier, Wachstafeln, Topfscherben (Ostraka) sind jetzt

[1]) vgl. Georg Wolff, Die Römerstadt Nidda bei Heddernheim und ihre Vorgeschichte, Frankfurt a. M. 1908 und besonders die „Mitteilungen über römische Funde in Heddernheim“, 5 Bde., Frankfurt a. M. 1894—1911.

zum Teil der Forschung zugänglich gemacht worden und haben für die Wirtschaftsgeschichte überraschende Ergebnisse geliefert.[1]) Zahlreiche Fachgelehrte sind schon jahrzehntelang mit der Sichtung und Herausgabe des Stoffes beschäftigt, und schon jetzt besitzen wir zusammenfassende Darstellungen einzelner Zweige der Wirtschaftsgeschichte, die ganz neues Licht auf das wirtschaftliche Leben im alten Ägypten werfen. Mit Recht behauptet ein hervorragender Kenner, es sei „durch die Papyri ein Material erschlossen worden, wie es bisher nur der mittelalterliche und neuere Historiker besaß“.[2])

Den besten Überblick über den gegenwärtigen Stand der Forschung bietet das soeben erschienene Werk über Papyruskunde, dessen historischer Teil von Wilcken bearbeitet ist, während der juristische von Mitteis stammt.[3]) Jeder Band enthält eine übersichtliche Sammlung der wichtigsten Urkunden und einen darstellenden Teil, welcher unter Angabe der wichtigsten Literatur das bisher Geleistete kurz zusammenfaßt. Von dem historischen Teil gehören hierher insbesondere die Abschnitte Bevölkerung und Bevölkerungspolitik, Steuerwesen, Industrie und Handel, Post- und Transportwesen. Auch das „Archiv für Papyrusforschung“ enthält mehrere hierher gehörige Arbeiten, z. B. den Aufsatz von Mommsen, „Zum ägyptischen Münzwesen“,[4]) von Rostowzew über Kornerhebungen und Korntransport.[5]) Insbesondere der von Wachsmuth veröffentlichte wertvolle, leider unvollendete Aufsatz über wirtschaftliche Zustände im alten Ägypten während der griechisch-römischen Periode[6]) zeigt, daß man an die weitere Förderung und Verarbeitung dieses Materials für die Wirtschaftsgeschichte des alten Ägyptens die größten Hoffnungen knüpfen darf.

---

[1]) vgl. Ulrich Wilcken, Griechische Ostraka aus Ägypten und Nubien, 1899. Die Topfscherbeninschriften bilden eine Fundgrube für wirtschaftsgeschichtliche Einzelheiten.

[2]) U. Wilcken in dem gleich zu erwähnenden Werk 1. Bd., 1. Hälfte S. XV.

[3]) L. Mitteis und U. Wilcken, Grundzüge und Chrestomathie der Papyrusurkunde. Bd. 1: Historischer Teil, Bd. 2: Juristischer Teil, Leipzig und Berlin 1912.

[4]) Bd. 1 (1901) S. 273 ff.

[5]) Bd. 3 (1906) S. 201 ff.

[6]) Jahrb. f. Nat. u. Stat. 3. Folge Bd. 19 (1900) S. 771 ff.

3. Urkundenbücher.

Es ist bekannt, in welchem Umfang die landschaftlichen bezw. reichsstädtischen Urkundenbücher dazu beigetragen haben, die Lokalgeschichte auf eine sichere Grundlage zu stellen. Welch eine Fülle von wirtschaftsgeschichtlichem Stoff in diesen Quellen steckt, hat vor allem Inama-Sternegg in seiner deutschen Wirtschaftsgeschichte zeigen können; insbesondere für die Geschichte der Grundbesitzverhältnisse, der Gülten und Renten, der Geschichte des Münz- und Geldwesens, der Entstehung des Zunftwesens usw. geben sie reiche Aufschlüsse. Allein von der bisherigen wirtschaftsgeschichtlichen Forschung sind diese Quellen nur zum geringsten Teile erschlossen worden, und ihre Verarbeitung hat mit der sehr lebhaften Quellenveröffentlichung auch nicht im entferntesten Schritt gehalten.

Das liegt m. E. großenteils daran, daß man bei der Herausgabe von Urkundenbüchern nicht genügend auf das Interesse der Wirtschaftsgeschichte Rücksicht nimmt. Vor allem kommt das zum Ausdruck in dem Mangel eines Sachregisters, auf welchen schon Eulenburg[1]) für die Veröffentlichung handelsgeschichtlicher Quellen hingewiesen hat. Ein aufs genaueste ausgearbeitetes Personen- und Ortsregister mit Berücksichtigung sämtlicher Varianten in der Schreibweise eines Ortsnamens oder einer topographischen Bezeichnung gilt bei einem Urkundenbuch als selbstverständlich, allein das mindestens ebenso wichtige Sachregister wird gewöhnlich als überflüssig angesehen und fehlt in den meisten Fällen. Wie äußerst mühevoll es dem Wirtschaftshistoriker dadurch gemacht ist, das für ihn Wesentliche herauszufinden, wird jeder Kundige bestätigen; stets muß er, um einer Einzelfrage nachzugehen, das ganze Urkundenbuch durcharbeiten. Wie anders wäre das, wenn durch ein ausführliches Sachregister die weit zerstreuten Einzelnachweise über das Vorkommen von Münzsorten, Massen, Preisangaben, Taxen, Handelswaren u. dgl. übersichtlich zusammengestellt würden.

Von der herrschenden Regel, einem Urkundenbuch kein Sachregister beizufügen, gibt es allerdings vereinzelte Ausnahmen, aber sie sind leider nur zu selten. So z. B. ist der große Reichtum

---

[1]) Eulenburg, Ideen und Probleme in der deutschen Handelsgeschichte, Schmoller-Festgabe Bd. 2 Nr. 26.

des im liv-, est- und kurländischen Urkundenbuch enthaltenen Materials zur Geschichte der Hanse, des Handels, der Masse und Gewichte usw. durch ein vorzügliches Register erschlossen, dagegen ist z. B. das dem Straßburger Urkundenbuch beigegebene Sachregister wenig tiefgehend.

Ein vortreffliches Beispiel, wie durch ein mit Verständnis angelegtes Sachregister die Schätze der Urkundenbücher für die wirtschaftsgeschichtliche Forschung bequem zugänglich gemacht werden können, bietet das meklenburgische Urkundenbuch, dessen Bd. 23 (1396—1399) kürzlich erschienen ist. Was hier in dieser Beziehung geleistet wird, ist geradezu vorbildlich, und das umfangreiche Sachregister ist mit einer solch peinlichen Sorgfalt und einem so liebevollen Eingehen auf Details angelegt, daß man die Herstellung des Registers als wissenschaftliche Leistung durchaus der Herausgabe des Urkundenschatzes gleichstellen darf. Das hier gewählte Verfahren kann nicht dringend genug zur Nachahmung empfohlen werden, denn es würde sicherlich um die Erforschung der älteren deutschen Wirtschaftsgeschichte weit besser bestellt sein, wenn bei anderen Urkundenbüchern ähnliches durchgeführt wäre.

Allerdings werden durch solche peinlich genauen Registerarbeiten die ohnedies so langsam fortschreitenden Veröffentlichungen mancher landschaftlichen Urkundenbücher noch mehr verzögert.[1]) Jedenfalls ist es aber für den Fortschritt der Wissenschaft besser, ein weniger umfangreiches Urkundenmaterial direkt zu erschließen, als ein weit umfassenderes, aber desto ungefügeres Rohmaterial zu fördern. Die Herausgeber von Urkundenbüchern müssen sich daher bewußt werden, daß sie durch Vernachlässigung oder Weglassung des Sachregisters einen schweren Fehler begehen, der in den meisten Fällen nicht wieder gutzumachen ist.

Was den Inhalt der Urkundenbücher betrifft, so scheint hinsichtlich des Begriffs der Urkunde, also dessen, was man zur Aufnahme als geeignet ansieht, keine einheitliche Auffassung zu herrschen. Im allgemeinen wird man als Urkunden wohl hauptsächlich die unter Beobachtung bestimmter Formen aufgezeichneten Erklärungen recht-

[1]) Das mecklenburgische U. B. wurde 1863 begonnen und liegt jetzt bis zum Jahre 1399 vor. Das wirtembergische U. B. ist seit 1849 in Bearbeitung und jetzt nach 60 Jahren erst bis zu Bd. 9 (1099—1273) vorgeschritten. Letzterer enthält zwar ein Personen- und Ortsregister von nahezu 200 Spalten großen Formats, aber bezeichnenderweise kein Sachregister.

licher Art verstehen,[1]) und tatsächlich machen auch Beurkundungen von Rechtsgeschäften (Verträge, Pfandurkunden, Privilegien u. dgl.) herkömmlicherweise den Bestand der Urkundenbücher aus. Einzelne von ihnen gehen allerdings viel weiter, so z. B. nimmt das wirtembergische U. B. auch die Traditions- und Schenkungsbücher von Stiftern und Klöstern auf, andere, wie das Straßburger oder das kürzlich erschienene U. B. der Reichsstadt Pfeddersheim enthalten auch stadtrechtliche Aufzeichungen oder Ratsvorschriften,[2]) andere bringen Auszüge aus Rechenbüchern, Steuerbüchern, Währschaftsbüchern u. dgl. oder, wie das mecklenburgische u. a. auch Ratsverordnungen gegen den Kleiderluxus, Hochzeitordnungen u. dgl.

Alle diese über den Begriff der Urkunde im engeren Sinn hinausgehenden Aufzeichnungen sind jedoch in der Regel von der Aufnahme ins Urkundenbuch ausgeschlossen. Da eine Unterbringung wirtschaftsgeschichtlich wertvoller Stücke unter gewöhnlichen Umständen nicht möglich ist, wäre es empfehlenswert, eigene Urkundenbücher für Wirtschaftsgeschichte ins Leben zu rufen. Sie sollten alle diejenigen Aufzeichnungen ältesten Ursprungs sammeln, welche hinsichtlich ihres Charakters oder ihres Umfanges von der Aufnahme in das Urkundenbuch im heutigen Sinne ausgeschlossen sind, aber wirtschaftsgeschichtliches Interesse bieten. Vor allem ist hier zu denken an die ältesten Zolltarife, Auszüge aus den Gerichtsbüchern über Handelsprozesse, einzelne Vermögensinventare, Verzeichnisse geraubter, verpfändeter oder beschlagnahmter Waren, Angabe von Löhnen und Preisen u. dgl. Wenn für den betreffenden Ort eine Herausgabe von Ratsordnungen, Handwerkerakten, Stadtrechnungen u. dgl. nicht geplant ist, dann würde es sich auch empfehlen, in diese Urkundenbücher für Wirtschaftsgeschichte die Bruchstücke der ältesten Rechnungsbücher, Steuerlisten, Zunftartikel usw. aufzunehmen, soweit sie sich ihrem Umfange nach dazu eignen.

Diesen Forderungen kommen einigermaßen die von der „Gesellschaft für Rheinische Geschichtskunde“ zur Veröffentlichung vorbereiteten „Quellen zur Rechts- und Wirtschaftsgeschichte der rheinischen Städte“ nahe. Der bis jetzt vorliegende 1. Band (Sieg-

---

[1]) vgl. H. Breßlau, Handbuch der Urkundenlehre für Deutschland und und Italien, 2. Aufl. 1912 Bd. 1 S. 1.

[2]) Urkundenbuch der früheren freien Reichsstadt Pfeddersheim, herausgegeben von Daniel Bonin, Frankfurt a. M. 1911 (S. 161—190: Stadtbuch vom Jahr 1600).

burg, bearbeitet von Fr. Lau) läßt den Plan und die Einrichtung dieses hoffnungsvollen Unternehmens deutlich erkennen.[1]) Darnach ist eine nach Territorien geordnete Veröffentlichung für sämtliche rheinische Städte geplant, mit Ausnahme von Aachen und Köln, für welche Städte der Reichtum des überlieferten Materials eine gesonderte Behandlung erfordert. Allerdings ist dabei auch zu berücksichtigten, daß umfangreiche hierhergehörige Quellen für Köln [2]) und auch für Koblenz [3]) bereits früher gedruckt worden sind.

Nach dem Vorwort des bereits vorliegenden Bandes sollen außer den eigentlichen Stadtrechten und Urkunden zur Rechts- und Verfassungsgeschichte [4]) auch besonders Materialien zur Geschichte des städtischen Besitz- und Vermögensstandes, statistische Tabellen u. a. m. veröffentlicht werden. So hat z. B. Fr. Lau außer zahlreichen Handwerkerordnungen, Steuervorschriften u. dgl. auch eine Stadtrechnung aus dem Rechnungsjahr 1429/30 abgedruckt und den Rechnungsergebnissen von 1578/79 und 1695/96 in einer Tabelle gegenübergestellt.

Außer den gedruckt vorliegenden Quellen für Siegburg ist Material für zahlreiche andere Städte vorbereitet und seine Veröffentlichung ist in nächster Zeit für Neuß, Blankenberg a. Sieg, Deutz, Wesel, Trier, Boppard und Oberwesel zu erwarten.[5])

Es wäre sehr wünschenswert, daß diesen bevorstehenden Ausgaben neben dem Personen- und Ortsregister auch ein Sachregister und eine Inhaltübersicht der abgedruckten Urkunden und Akten beigefügt wird, was beides in der Ausgabe von Lau fehlt. Eine

---

[1]) Quellen zur Rechts- und Wirtschaftsgeschichte der rheinischen Städte. Bergische Städte, Bd. 1: Siegburg, bearb. von Fr. Lau (= Publ. der Ges. f. Rhein. Geschichtskunde Bd. 29) 1907.

[2]) Vor allem ist hier zu erinnern an die Schreinskarten und Schreinsbücher, die Urkunden zur Verfassung und Verwaltung der Stadt im 14. und 15. Jahrhundert, die Stadt-Rechnungen und Zunfturkunden. (= Publ. der Ges. f. Rhein. Gesch. Bd. 2, 10, 15, 22).

[3]) Namentlich die Rechnungen über den Koblenzer Mauerbau im 13. Jahrh. und die Akten zur Geschichte der Verfassung und Verwaltung bis 1500 (= Publ. Bd. 5, 17).

[4]) Auf den Inhalt dieser Veröffentlichungen von Stadtrechtsquellen ist weiter unten (S. 213) noch zurückzukommen.

[5]) Während der Drucklegung stellt sich heraus, daß inzwischen noch die Quellen von Blankenberg (bearb. von Kaeber), von Deutz (Hirschfeld) und Neuß (Lau) erschienen sind.

Einleitung, wie sie Lau bezüglich der Verfassungs- und Verwaltungsgeschichte vorangestellt hat, wird für jeden Wirtschaftshistoriker ein brauchbarer Wegweiser sein.

4. Stadtpläne, topographische Bezeichnungen, Flurnamen.

Es ist ein erfreuliches Zeichen für das tiefere Eindringen der ortsgeschichtlichen Forschung in die Eigenart ihrer Quellen, daß sie sich in letzter Zeit einer Gruppe zuwendet, die man in ihrem Wert für die wirtschafts- und kulturgeschichtliche Forschung lange Zeit nicht erkannt hat. Das gilt zwar weniger für die Flurnamen, denen schon Grimm, Arnold und besonders Meitzen ihr Interesse widmeten, als besonders für die Stadtpläne, sowie die Namen der Häuser, Gassen und Plätze, denen sich erst seit wenigen Jahren die gebührende Aufmerksamkeit zugewendet hat.

In Erkenntnis der Wichtigkeit topographischer Unterlagen für die Ortsgeschichte hat man in Österreich ein groß angelegtes topographisches Werk vorbereitet, welches die gesamten Städte von Niederösterreich berücksichtigt und u. a. auch über die Umrisse der Ortsgeschichte (Verleihung des Stadtrechts, des Marktes, der Münze usw.) knappe, übersichtliche Angaben macht. Das Werk ist jetzt bis zum 7. Bande (1910) gediehen und umfaßt neben einem allgemeinen Teil die Städte von A bis N, wird also voraussichtlich bald abgeschlossen sein.[1]) Durch Zusammenarbeit der landesgeschichtlichen Publikationsinstitute wäre ein ähnliches Werk für die deutschen Städte verhältnismäßig leicht herzustellen.

Das Verdienst, als erster auf die große Wichtigkeit des Stadtplanes als Geschichtsquelle hingewiesen zu haben, gebührt Johann Fritz, der in seinen Arbeiten über deutsche Stadtanlagen nachzuweisen versuchte, daß aus dem Grundriß der Stadt Schlüsse zu ziehen sind auf die Zeit und Art ihrer Entstehung.[2]) Nach ihm hat sich insbesondere P. J. Meier der weiteren Erforschung dieser Fragen gewidmet und die Denkmalpflegetage, den Gesamtverein deutscher Geschichts- und Altertumsvereine sowie die Konferenz der landesgeschichtlichen Publikationsinstitute für eine planmäßige Sammlung und Veröffentlichung älterer Grundrisse zu interessieren

---

[1]) Topographie von Niederösterreich, redigiert von Max Vancsa, 7 Bde.

[2]) Johann Fritz, Deutsche Stadtanlagen. Straßburger Gymnasialprogramm 1894.

gewußt.[1]) Außerdem machte sich besonders Warschauer durch Untersuchung der osteuropäischen Kolonialstädte um die Stadtplanforschung verdient,[2]) und seit 1909 besteht eine vom Gesamtverein eingesetzte Kommission, welche mit der weiteren Ausarbeitung sowie der Feststellung des gesamten Materials von Stadtplänen beschäftigt ist.

Das wichtigste Ergebnis dieser vergleichenden Grundrißforschung ist, daß sich bei Heranziehung eines ausgedehnten Quellenmaterials für die einzelnen Städte gleichartige Züge nachweisen lassen, die auf eine gemeinsame Entstehungsursache hindeuten. Schon Fritz hatte darauf hingewiesen, daß diejenigen Städte, deren Grundriß erkennbare geometrische Regelmäßigkeit (gerade Linien, rechte Winkel usw.) zeigt, nicht aus sich selbst herausgewachsen, sondern vom Grundherrn angelegt sind. Im beginnenden 12. Jahrhundert waren nach den Forschungen von Rietschel eigentliche Städte nur in den Rhein- und Donaugegenden vorhanden, also dort, wo die Römer bereits solche angelegt hatten. In den übrigen Gegenden befanden sich nur Dörfer und Marktsiedelungen, die an den Haupthandelswegen lagen und deren Bevölkerung aus Handel- und Gewerbetreibenden bestand. Diese Orte besaßen ihren eigenen Markt, ihre Marktkirche und eine herrschaftliche Münzstätte.[3]) Erst um die Mitte des 13. Jahrhunderts beginnt eine lebhafte planmäßig betriebene Städtegründung, die besonders in Thüringen, Hessen und Niedersachsen einsetzte, und unter Heinrich dem Löwen kann man bereits von einer bewußten Städtegründungspolitik sprechen.[4])

Nicht nur östlich von Elbe und Saale, sondern auch im Westen und Südwesten entstand im Laufe des 13. Jahrhunderts eine sehr bedeutende Menge kleiner und mittlerer Städte. In zahlreichen Fällen sind nun urkundliche Zeugnisse über die Gründung nicht

---

[1]) P. J. Meier, Der Grundriß der deutschen Stadt des Mittelalters in seiner Bedeutung als geschichtliche Quelle, Korr.-Bl. 1909 Sp. 105 ff.; vgl. auch Joh. Kretzschmar, Der Stadtplan als Geschichtsquelle. Deutsche Gesch.-Bl. Bd. 9 (1908) S. 133 ff.

[2]) Warschauer, Lageplan der osteuropäischen Kolonialstädte, Korr.-Bl. 1909 Sp. 121.

[3]) S. Rietschel, Markt und Stadt in ihrem rechtlichen Verhältnis, Leipzig 1897; derselbe, Das Burggrafenamt und die hohe Gerichtsbarkeit in den deutschen Bischofstädten während des frühen Mittelalters, 1905.

[4]) S. Rietschel, Die Städtepolitik Heinrichs des Löwen, Histor. Zeitschr. 3. Folge Bd. 6 S. 237 ff.

vorhanden. In allen Fällen, in denen ein urkundlicher Nachweis über die Gründung einer Stadt nicht zu führen ist, kommt der Stadtplan als Geschichtsquelle voll und ganz zur Geltung, denn der Grundriß gibt einen Anhaltpunkt über die Zeit ihrer Entstehung.[1]) Die östlich von Saale und Elbe im 13. Jahrhundert gegründeten Städte zeigen fast sämtlich die gleiche Anlage: In der Mitte eines Kreises oder eines Ovals besteht ein Platz, von dessen Seiten oder Ecken aus Straßen nach der Peripherie ziehen, die von anderen Straßen rechtwinklig geschnitten werden.[2]) Die weiter nach Osten gelegenen Städte weisen in ihren Grundrissen eine ähnliche Struktur auf, die Warschauer als das osteuropäische Kolonialschema bezeichnet. In der Mitte der Stadt befindet sich ein viereckiger Marktplatz, von dem aus die Straßen in regelmäßiger Verteilung über die ganze Stadt laufen. Daneben entwickelt sich schon im 13. Jahrhundert ein zweites Schema, das einen langgestreckten Markt zeigt, in dessen Schmalseiten je eine Straße einmündet und deren Längsseiten durch eine Straße geschnitten wird.[3])

Nach alledem ist zu erwarten, daß der Stadtplan in der künftigen Erforschung der Stadtgeschichte eine erhebliche Rolle spielen wird; erfreuliche Ansätze in dieser Richtung sind schon vorhanden. So hat Rietschel sowohl in seinen bereits erwähnten Arbeiten als auch in seiner mit Mummenhoff geführten Polemik über die älteste Ummauerung Nürnbergs[4]) die topographischen Verhältnisse ausführlich in Betracht gezogen. Keussen hat für seine Studien zur Geschichte der Kölner Stadtverfassung mit großem Erfolg den Stadtplan verwertet, wobei er die Entwicklung der Verfassung im engsten Anschluß an die verschiedenen Stadterweiterungen und die topographische Untersuchung der einzelnen Stadtteile verfolgt.[5]) Insbesondere hat auch Püschel[6]) den Stadt-

[1]) vgl. Kretzschmar a. a. O. Sp. 140.

[2]) Einen vortrefflichen Überblick über alle diese Fragen bietet die lehrreiche Abhandlung von Neumann, Der Stadtplan als geschichtliche Urkunde. Mitt. aus der livländischen Geschichte (Riga 1911) Bd. 11 S. 87 ff.

[3]) Warschauer a. a. O. Sp. 122 ff. Weitere Einzelheiten über Grundrißtypen bei Neumann a. a. O. S. 88 ff.

[4]) Deutsche Gesch.-Bl. Bd. 12 (1911) S. 201 ff., Bd. 13 (1912) S. 25 ff., 45 ff.

[5]) Herm. Keussen, Die Entwicklung der älteren Kölner Verfassung und ihre topographische Grundlage, Westdeutsche Zeitschr. Bd. 28 (1909) S. 465—520. Vgl. auch den beigegebenen Stadtplan des mittelalterlichen Köln.

[6]) Alfred Püschel, Das Anwachsen der deutschen Städte in der Zeit

plan zu seinen Forschungen herangezogen, um den Umfang der deutschen Städte im 12. und 13. Jahrhundert festzustellen. Es wäre durchaus wünschenswert, daß allen Untersuchungen über die Frühgeschichte einer Stadt, die ja ohne Berücksichtigung der topographischen Einzelheiten kaum denkbar ist, ein Stadtplan beigegeben würde.

Einen großen Fortschritt in der Richtung der vergleichenden Grundrißforschung bedeutet der von der niedersächsischen historischen Kommission beschlossene Plan der Herausgabe eines Städteatlasses für Niedersachsen, welcher auf die Anregung von P. J. Meier zurückgeht. Nach den Grundsätzen, welche Meier auf der X. Konferenz der landesgeschichtlichen Publikationsinstitute (1911) erläuterte,[1]) besteht die Absicht, eine Sammlung der Grundrisse sämtlicher (92) Städte des ganzen Gebietes vorzunehmen. Die Pläne sollen im Maßstab 1 : 4000 mit Einzeichnung der Straßen und Höhenkurven und einem erläuternden Text veröffentlicht werden. Man kann diesem vortrefflichen Unternehmen nur gute Fortschritte und eifrige Nachfolge seitens der übrigen landesgeschichtlichen Publikationsinstitute wünschen.

Neben dem Stadtplan als Hilfsmittel für die Grundrißforschung bilden auch die topographischen Einzelheiten schätzbare Quellen für die Wirtschaftsgeschichte, insbesondere die Namen der Straßen und Plätze sind lebendige Zeugnisse der wirtschaftlichen Verfassung einer mittelalterlichen Stadt. Man braucht in dieser Beziehung nur an die Handwerkergassen zu erinnern und auf die Namen der Marktplätze (Holz-, Vieh-, Korn-, Brot-, Fischmarkt usw.) hinzuweisen, welche deutlich den Marktplatzzwang (die Vereinigung aller Händler mit ein und derselben Ware an einem Platz zwecks besserer Übersicht für den Käufer) erkennen lassen. In dieser Hinsicht sind unter anderem die Veröffentlichung der älteren Lübecker Straßennamen in den Hansischen Geschichtsblättern[2]) und die von Meier bearbeiteten Straßennamen von Braunschweig[3]) lehrreich. Von Bedeutung ist auch die Feststellung der gewerb-

---

der mittelalterlichen Kolonialbewegungen. (= Abhandl. zur Verkehrs- und Seegeschichte Bd. 4) 1910. Als Anlagen sind einige Stadtpläne beigegeben.

[1]) Deutsche Gesch.-Bl. Bd. 12 (1911) S. 255.

[2]) z. B. Jahrg. 1880/81 S. XXff.

[3]) Meier, Die Straßennamen der Stadt Braunschweig (= Quellen und Forschungen zur Braunschweiger Geschichte Bd. 1) 1904.

lichen Betriebe (der Mühlen, Backhäuser, Brauhäuser, Gerbereien usw.), der Fleisch- und Brotbänke, der Fruchtspeicher, Kaufhäuser u. dgl.

Schon verhältnismäßig frühzeitig regte sich in einzelnen Städten das Interesse für die Erforschung ihrer gesamten topographischen Verhältnisse, wobei allerdings weniger an die wirtschaftsgeschichtliche Verwertung dieses Stoffes als an die Zwecke der lokalgeschichtlichen Forschung überhaupt gedacht war. Unter Benutzung eines reichen urkundlichen Materials hat Battonn schon im Anfang des 19. Jahrhunderts seine topographischen Studien über das mittelalterliche Frankfurt verfaßt, die allerdings erst lange nach seinem Tode, mit Ergänzungen von Fichard auf Grund der Rechnungsbücher, Bedebücher, Gerichtsbücher u. dgl. versehen, gedruckt worden sind.[1])

Für Köln hat Fuchs schon in der Mitte des 19. Jahrhunderts umfassende topographische Untersuchungen vorgenommen, die zwar nicht durch den Druck veröffentlicht wurden, aber der Lokalforschung unentbehrliche Dienste geleistet haben.[2]) Die Hauptquellen für die mittelalterliche Topographie von Köln, die weiter unten ausführlicher behandelten Schreinsbücher, waren damals, als Fuchs arbeitete, noch unbekannt und sind erst 1877 ins Stadtarchiv überführt worden.

Hauptsächlich auf Grund dieser Quellen, aber auch des reichen übrigen Materials, das zum Teil gedruckt vorliegt (z. B. Loeschs Zunfturkunden, Steins Akten zur Geschichte der Verfassung und Verwaltung) hat jetzt Keussen nach jahrzehntelangen Vorstudien ein umfangreiches und für alle derartige Untersuchungen vorbildliches Werk veröffentlicht, das von der Mevissenstiftung preisgekrönt worden ist.[3]) Diese vortrefflichen topographischen Studien, von denen einzelne Teile bereits vorher in der Westdeutschen Zeitschrift[4]) abgedruckt waren, liefern den deutlichen Beweis, daß die Wirtschaftsgeschichte einer mittelalterlichen Stadt nur durch

---

[1]) Joh. Gg. Battonn, Örtliche Beschreibung der Stadt Frankfurt a. M. Aus dem Nachlasse herausgegeben von L. H. Euler, Frankfurt 1861/1875.

[2]) Fuchs, Topographie der Stadt Köln, 4 Bde. Manuskript im Kölner Stadtarchiv.

[3]) Herm. Keussen, Topographie der Stadt Köln im Mittelalter, 2 Bde. (Preisschriften der Mevissen-Stiftung. hrsg. von der Ges. f. Rhein. Geschichtskunde) 1910.

[4]) Bd. 20 (1901), Bd. 22 (1903), Bd. 25 (1906) und Bd. 28 (1909).

ausreichende topographische Vorarbeiten auf eine sichere Grundlage gestellt werden kann.

Von anderen bedeutsamen topographischen Untersuchungen ist besonders zu nennen „die geschichtliche Ortsbeschreibung der Stadt Freiburg i. B.“, deren 2. Band den Häuserbestand von 1400 bis 1806 wiedergibt,[1] und das noch nicht abgeschlossene Konstanzer Häuserbuch, das ebenfalls eine geschichtliche Ortsbeschreibung enthält und nach seiner Fertigstellung der Forschung wertvolles topographisches Material erschließen wird.[2] Für Straßburg liegt eine Untersuchung über die Topographie von Adolf Seyboth[3] vor.

Von nicht geringer Bedeutung für die wirtschaftsgeschichtliche Forschung sind die Ortsnamen und Flurnamen. Die Namen der Gebirge, Wasserläufe, Ortschaften stehen im engen Zusammenhang mit der Besiedelung des Bodens und können unter Zuhilfenahme der sprachgeschichtlichen Forschung zur Aufhellung der Bevölkerungs- und Stammesverhältnisse frühgeschichtlicher Zeiten wertvolle Dienste leisten.[4] Allerdings hat die Forschung auf diesem Gebiet trotz der verdienstvollen Untersuchungen von Arnold[5] und Meitzen[6] noch keinen festen Boden unter den Füßen; sie wird erst dann zu gesicherten Ergebnissen gelangen können, wenn sich die Sprachgeschichte mit diesen Gegenständen viel eingehender beschäftigt, als dies bisher geschah.

Was speziell die Flurnamen betrifft, so versteht man darunter nach dem herkömmlichen Sprachgebrauch nicht nur die Namen der Wald-, Feld- und Wiesenfluren, sondern „alle nicht menschliche Wohnstätten bezeichnende Namen, die an einzelnen Stellen des

---

[1]) Geschichtl. Ortsbeschreibung der Stadt Freiburg i. B. Bd. 1, bearb. von A. Poinsignon, Bd. 2 (Häuserbestand 1400—1806), bearb. von Herm. Flamm 1903.

[2]) Konstanzer Häuserbuch II: Geschichtliche Ortsbeschreibung, 1. Hälfte, von K. Beyerle und A. Maurer, Heidelberg 1906, 1908.

[3]) Ad. Seyboth, Das alte Straßburg vom 13. Jahrhundert bis zum Jahre 1870. Geschichtl. Topographie nach Urkunden und Chroniken. Straßburg 1890.

[4]) vgl. R. Kötzschke, Flußnamenforschung und Siedelungsgeschichte, Deutsche Gesch.-Bl. Bd. 8 (1907) S. 233 ff. sowie Hans Witte, Ortsnamenforschung und Wirtschaftsgeschichte, Deutsche Gesch.-Bl. Bd. 3 (1902) S. 153 ff., 209 ff.

[5]) W. Arnold, Ansiedelungen und Wanderungen deutscher Stämme, 2. Aufl. 1881 (vgl. besonders Einleitungskapitel: Die Ortsnamen als Geschichtsquelle).

[6]) Meitzen, Siedelung und Agrarwesen der Westgermanen und Ostgermanen, 3 Bde., 1895.

Erdbodens haften", gleichgültig ob sie sich auf Felder, Wiesen, Sümpfe oder Berge, Täler, Wege, Gräben, Wälle u. dgl. beziehen.[1])

In diesen Flurnamen, deren Entstehung in ferne Zeiten zurückreicht, leben die längst untergegangenen Formen der Besiedelung zum Teil noch fort. Die Stellen ausgetrockneter Sümpfe und Seen, gerodeter Wälder, früherer Weinberge, verschwundener menschlicher Wohnstätten, die Zugehörigkeit von Gelände zu alten Markgenossenschaften, der Lauf alter Straßen und Handelswege und vieles andere läßt sich an der Hand der Flurnamen deutlich nachweisen. Ihre Sammlung ist mit Recht als eine der dringlichsten Aufgaben lokaler Geschichtsvereine bezeichnet worden, denn überall dort, wo im Lauf des 19. Jahrhunderts die Zusammenlegung von Grundstücken erfolgte, ist ihr Bestand gefährdet, wenn sie auch in der Erinnerung der Bewohner noch eine Zeitlang fortleben.

Nachdem schon Grimm auf die Bedeutung der Flurnamen als Geschichtsquelle hingewiesen hatte, und in den 60er und 70er Jahren bereits Sammlungen und Bearbeitungen dieser Quellen erfolgten,[2]) errichtete der Gesamtverein deutscher Geschichts- und Altertumsvereine seit 1900 eine Sammelstelle für die deutsche Flur- und Ortsnamenforschung, und von Zeit zu Zeit werden im „Korrespondenzblatt" Übersichten über die Arbeiten auf diesem Gebiet veröffentlicht.[3]) Besondere Aufmerksamkeit widmet man in jüngster Zeit auch den sogen. Wüstungen, d. h. den Stellen, an welchen sich früher menschliche Wohnstätten mit oder ohne zugehörigen Grund und Boden befunden haben.

Welche Schätze hier noch gehoben werden können und wie reich die hier besprochenen Quellen fließen, zeigt namentlich das Arbeitprogramm der Kgl. Sächs. Kommission für Geschichte, das in einer den Teilnehmern am 10. Historikertag (Dresden 1907) überreichten Denkschrift niedergelegt ist.[4])

---

[1]) vgl. H. Beschorner, Denkschrift über die Herstellung eines historischen Ortsverzeichnisses für das Königreich Sachsen, Dresden 1903 S. 4.

[2]) Näheres bei Beschorner, Das Sammeln von Flurnamen, Korr.-Bl. 1903.

[3]) vgl. Korr.-Bl. 1904 Sp. 11ff., 1906 Sp. 281ff., 1907 Sp. 188ff. sowie die ausführlichen Literaturangaben bei H. Beschorner, Über das Veröffentlichen großer Flurnamensammlungen, Deutsche Gesch.-Bl. Bd. 12 (1911) S. 215ff.

[4]) Die historisch-geographischen Arbeiten im Königreich Sachsen. Im Auftrag der Kgl. Sächs. Historischen Kommission zusammengestellt von R. Kötzschke, H. Beschorner, A. Meiche, R. Becker. 1907.

5. Stadtbücher.

Man bezeichnet als Stadtbücher herkömmlich alle Quellen, welche der gesetzgebenden Funktion der städtischen Obrigkeit oder der Verwaltungstätigkeit städtischer Behörden entstammen und in Buchform aufgezeichnet sind. Konrad Beyerle, welcher dem Gegenstand eine vortreffliche, insbesondere literargeschichtlich höchst wertvolle Studie gewidmet hat, versteht darunter „in Buchform geordnete schriftliche Aufzeichnungen seit dem Mittelalter".[1]) Steinacker bezeichnet als Stadtbücher „überhaupt jede Art von Codices, deren Inhalt sich auf die Stadt bezieht",[2]) und Redlich führt aus, daß man darunter alle aus dem städtischen Verfassungs-, Verwaltungs- und Rechtsleben hervorgegangenen Bücher versteht.[3])

Von verschiedenen Seiten sind schon Versuche unternommen worden, die als Stadtbücher bezeichneten Quellen in ein System zu bringen. Homeyer unterscheidet in seiner grundlegenden Arbeit über die Stadtbuchforschung[4])

1. Statutenbücher,
2. Stadtbücher zu Aufzeichnungen mannigfaltiger Art,
3. Stadtbücher im Dienste der freiwilligen Gerichtsbarkeit.

Die erste Gruppe wird also gebildet von Rechtsquellen, die zweite enthält alle in der ersten und dritten Gruppe nicht unterzubringenden Bücher der städtischen Verwaltung und Rechtspflege, und die dritte umfaßt alle öffentlichen Bücher der Stadt, welche zum Eintragen von privaten Rechtsgeschäften der Bürger dienten. Hauptsächlich der dritten Gruppe hat Homeyer sein weiteres Interesse zugewendet. Eine eingehende Gliederung der zweiten Gruppe der Homeyerschen Einteilung versuchte dann Karl Kopp-

---

[1]) K. Beyerle, Die deutschen Stadtbücher, Deutsche Gesch.-Bl. Bd. 11 (1910) S. 146. Von einer systematischen Verzeichnung aller in Archiven erhaltenen deutschen Stadtbücher, welche Beyerle plant, würde sowohl die rechtsgeschichtliche wie die wirtschaftsgeschichtliche Forschung erheblichen Nutzen ziehen. Vorläufig ist es schwer, sich eine richtige Vorstellung von dem Umfang und Charakter dieser Quellengruppe zu machen.

[2]) Steinacker, Die Lehre von den nichtköniglichen (Privat-)Urkunden des deutschen Mittelalters (= Grundriß der Geschichtswissenschaft, herausgegeben von A. Meister, Bd. 1, 1. Halbbd.) 1906 S. 265.

[3]) O. Redlich, Urkundenlehre (= Handb. der mittelalterlichen und neueren Geschichte IV) 1911 S. 189.

[4]) G. Homeyer, Die Stadtbücher des Mittelalters, insbesondere das Stadtbuch von Quedlinburg, Berlin 1861.

mann bei einem Nachweis der für das Hansegebiet in Betracht kommenden Quellen.[1])

Neben Frensdorff[2]) hat es neuerdings auch Kleeberg unternommen, ein entsprechendes Schema aufzustellen,[3]) das folgende Gliederung aufweist:

1. Ratsbücher,
2. Bücher der Finanzverwaltung,
3. Stadtbücher im engeren Sinne.

Innerhalb der ersten Gruppe nennt er Stadtrechte, Statuten und Ordnungen, Polizeibücher, Ratsprotokolle, Ratsbücher im engeren Sinne, Namenlisten und Briefbücher; die zweite Gruppe wird gebildet von Kämmereirechnungen, Aufnahmebüchern über steuerbaren Besitz, Zinsbüchern und Rentenbüchern, und die dritte umfaßt die Bücher über Akte der freiwilligen Gerichtsbarkeit. Diese Gliederung ist jedoch unlogisch und unzweckmäßig, durch sie wird offenbar Zusammengehöriges auseinandergerissen und innerlich Verschiedenes in einer Gruppe vereinigt. Die als Ratsbücher bezeichnete Gruppe enthält neben städtischen Rechtsquellen eine Reihe von Geschäftsbüchern der städtischen Verwaltung, andererseits ist nicht einzusehen, warum Bürgerlisten und Geschoßregister innerlich so verschieden sein sollten, daß sie zwei verschiedenen Gruppen angehören müssen.

Der neueste Vorschlag, das Material der Stadtbücher zu gliedern, stammt von K. Beyerle, der in seiner erwähnten Arbeit (S. 192 ff.) für die Einteilung folgende Gesichtspunkte aufstellt:

1. die Verfassung der Stadt und ihr Recht, Ämterwesen und Bürgergemeinde;
2. die Verwaltung der Stadt;
3. Rechtsprechung von Gericht (Schöffen) und Rat in Zivil- und Strafsachen;
4. freiwillige Gerichtsbarkeit, insbesondere auf dem Gebiet des Liegenschaftsrechts;
5. städtisches Finanzwesen.

---

[1]) Hansische Gesch.-Bl. 1873 S. 155 ff.; vgl. Beyerle a. a. O. S. 155.

[2]) In Krauts Grundriß zu Vorlesungen des deutschen Privatrechts 6. Aufl. 1886 § 12 S. 58 ff.; vgl. Beyerle a. a. O. S. 156.

[3]) Erich Kleeberg, Stadtschreiber und Stadtbücher in Mühlhausen i. Th. vom 14. bis 16. Jahrh. nebst einer Übersicht über die Editionen mittelalterlicher Stadtbücher, Archiv für Urkundenforschung Bd. 2 (1909) S. 407 ff.

Von allen bis jetzt gemachten Vorschlägen scheinen mir die von Beyerle hier angeführten am besten dem Wesen der Sache zu entsprechen. Allein ich kann einige Bedenken nicht unterdrücken, nämlich daß auch hier die eigentlichen Rechtsquellen nicht genügend von den Quellen der Verwaltung geschieden sind, was unter anderem daraus hervorgeht, daß sich die Gesetzbücher in derselben Gruppe befinden wie die Bürgerlisten. Auch die Trennung der Bücher der Verwaltung in zwei Gruppen (3 und 5) sollte vermieden werden, denn das Finanzwesen ist doch gewiß auch nur als Teil der städtischen Verwaltung zu betrachten. Deshalb wäre vielleicht folgende Einteilung zweckmäßig:

I. Rechtsquellen,
II. Bücher der Rechtsprechung,
III. Bücher der Verwaltung.

Die erste Gruppe enthält sämtliche Bücher, deren Inhalt aus Rechtsätzen besteht, gleichgültig ob es sich um öffentliche Angelegenheiten (Münz-, Markt-, Gewerbe-, Zollwesen) oder um Bestimmungen privatrechtlicher Natur handelt. Um diese Rechtssätze enthaltenden Bücher von anderen städtischen Rechtsquellen der Form nach zu unterscheiden, mögen sie hier als Stadtrechtsbücher bezeichnet werden.

Die zweite Gruppe umfaßt die bei Durchführung öffentlichrechtlicher oder privatrechtlicher Bestimmungen entstandenen Bücher, insbesondere die Gerichtsbücher, Urgichtbücher, Gewaltbücher, Register über Polizeistrafen, Sendamtsprotokolle u. dgl. In der dritten Gruppe endlich sind sämtliche Quellen vereinigt, die sich mit der Durchführung von Verwaltungsaufgaben beschäftigen.

Bei einer weiteren Gliederung innerhalb der Gruppe III würde man zu unterscheiden haben zwischen den Büchern

a) der allgemeinen Verwaltung (Bürgermeisterbücher, Sitzungsprotokolle der einzelnen Ämter, Briefbücher usw.),
b) der Rechtsverwaltung (Bürgerbücher, Bücher über Akte der freiwilligen Gerichtsbarkeit, z. B. Grundbücher, Schreinsbücher, Bannrollen) und
c) der Finanzverwaltung (Baumeisterbücher, Stadtrechnungen, Münzrechenbücher, Zolleinnahmebücher, Gültregister, Steuerbücher usw.).

Unter diesem dreiteiligen verhältnismäßig einfachen Schema ist, wie ich glaube, alles unterzubringen, was sich an Aufzeichnungen der städtischen Obrigkeit und ihrer Behörden in Buchform nachweisen läßt. Natürlich ist hier das Wesentliche nur angedeutet, auf eine feinere Gliederung, die sich ja tunlichst an die treffliche Systematik Beyerles anschließen kann, muß hier aus Gründen des Raummangels verzichtet werden.

Wie man sieht, macht also bei der Bezeichnung Stadtbücher der wissenschaftliche Sprachgebrauch keinen Unterschied, ob es sich um Gesetzsammlungen, Ratsprotokolle oder Stadtrechnungen usw. handelt. Das einzige Gemeinsame, was diesen Quellen zukommt, ist die äußere Form, die Aufzeichnung in Büchern, und es werden hier Dinge der allerverschiedensten Art unter einem Begriff zusammengefaßt, die innerlich nichts mit einander gemein haben. Allerdings ist der wissenschaftliche Sprachgebrauch zum Teil historisch begründet, das hindert aber nicht, daß wir uns aus Gründen der Systematik und der Klarheit des wissenschaftlichen Ausdrucks von ihm freimachen können. Schon jetzt ist die Verwirrung, welche durch diesen alles umfassenden Begriff angerichtet wurde, eine sehr unheilvolle, und wenn in der Literatur von Stadtbüchern die Rede ist, kann man ohne tieferes Eindringen niemals entscheiden, ob es sich um Rechtsquellen oder um Bücher der städtischen Verwaltung handelt.

Für eine Quellenkunde der Wirtschaftsgeschichte ist es daher von besonderer Wichtigkeit, eine reinliche Scheidung vorzunehmen und im Sprachgebrauch den verschiedenartigen Charakter der einzelnen Quellengruppen klar und unzweideutig zum Ausdruck zu bringen.

Nun ist es ja bekannt, daß die als „Stadtbücher" bezeichneten Quellen im ersten Zustand ihrer Entwicklung dem Eintrag der verschiedenartigsten Vorgänge dienten. Es wurden sowohl Bestimmungen rechtlicher Natur als auch Akte der Verwaltung, Beurkundungen von Besitzwechsel u. dgl. aufgenommen, weshalb man diese Quellen vielleicht als gemischte Stadtbücher bezeichnen kann. Im übrigen wäre es empfehlenswert, den bisherigen Sprachgebrauch aufzugeben und die Bezeichnung Stadtbücher nur für die Quellengruppe anzuwenden, welche die Bücher der freiwilligen Gerichtsbarkeit umfaßt. In der rechtsgeschichtlichen und diplomatischen Literatur hat sich für sie auch seit längerer Zeit dieser Ausdruck befestigt, und Kleeberg empfiehlt für sie die Bezeichnung „Stadtbücher im engeren Sinn", während Redlich vorschlägt, sie „privatrechtliche Stadtbücher" zu nennen. Diese Quellen werden im Abschnitt „Agrargeschichte und Grundbesitzverhältnisse" noch ausführlicher behandelt werden;[1]) hier genügt vielleicht, soviel zu bemerken, daß sie bestimmt waren, die Eigentumsübertragung hauptsächlich von Liegenschaften rechtlich festzulegen und die Ausfertigung einer Urkunde zu ersetzen.

Ihrem innersten Charakter nach ganz verschieden hiervon ist die andere in der rechtsgeschichtlichen Literatur ebenfalls als „Stadtbücher" bezeichnete Quellengruppe, die aus Aufzeichnungen von Rechtssätzen besteht und oben als Gruppe I bezeichnet worden ist. Zwar hat sich auch für sie zum Teil der Ausdruck Stadtbücher befestigt, besonders da sich mehrere von ihnen selbst so nennen, allein im Interesse der rechtsgeschichtlichen wie der wirtschaftsgeschichtlichen Forschung dürfte es liegen, ihren Charakter auch im Sprachgebrauch zum Ausdruck zu bringen und sie als Stadtrechtsbücher zu bezeichnen. Damit ist ihrem Charakter als buchmäßige Aufzeichnung wie als Rechtsquelle genügend Rechnung getragen, und die Wissenschaft kann aus einer Klärung der Begriffe nur Nutzen ziehen. Bezeichnet man nun die Bücher der Rechtspflege als Gerichtsbücher im weiteren Sinne und nennt man die übrigen auf die Verwaltungstätigkeit der Stadt bezüglichen Quellen (Gruppe III) einfach Stadtverwaltungsbücher, so hat man in den Bezeichnungen Stadtbücher, Stadtrechtsbücher, Gerichtsbücher und Stadtverwaltungsbücher die unterscheidenden Merkmale sinnfällig zum Ausdruck gebracht.

6. Stadtrechtsquellen.

Wenn auch der Quellenstoff der mittelalterlichen und frühneuzeitlichen Stadtrechte in erster Linie der Rechtsgeschichte zugute kommt, so hat doch die Wirtschaftsgeschichte ein nicht minder großes Interesse an der Herausgabe und Verwertung dieser Quellen. Auf diesem Gebiet zeigen sich überhaupt die innigsten Berührungspunkte der beiden Nachbarwissenschaften, denn die Rechtsgeschichte wird überall dort zugleich zur Wirtschaftsgeschichte, wo sich die Gesetzgebung mit wirtschaftlichen Fragen beschäftigt. Das ist in

---

[1]) vgl. weiter unten S. 57 ff.

hohem Maße bei den Stadtrechten der Fall, und wie keine andere Quelle in solcher Vielgestaltigkeit spiegeln sie die verschiedensten Formen des wirtschaftlichen Lebens wieder. Daher bilden sie auch geradezu eine Fundgrube für die Verfassungsgeschichte, die Geschichte des Handwerks, des Zollwesens, des Marktverkehrs, des Münz- und Geldwesens, der Preis- und Lohntaxen usw.

Die früheste Aufzeichnung städtischer Rechtsquellen finden wir in den oben erwähnten Stadtrechtsbüchern, die allerdings vielfach nicht reine Rechtsquellen darstellen, sondern, wie bereits erwähnt, oft Niederschriften von allen möglichen Verwaltungsvorgängen enthalten. Der Inhalt dieser Bücher wurde etwa seit der Mitte des 13. Jahrhunderts neben dem in Übung befindlichen Gewohnheitsrecht zu ausführlichen Stadtrechten verarbeitet.[1])

Einen mächtigen Anstoß zur vermehrten Kodifikation der Stadtrechte gab das Eindringen der fremden Rechte,[2]) und die hierdurch verursachte zunehmende Rechtsunsicherheit war die Ursache zur Aufzeichnung jener umfassenden, als "Reformationen" bezeichneten Gesetzbücher (z. B. Nürnberg 1478, Worms 1499, Frankfurt a. M. 1509), welche durch den Druck weiteste Verbreitung fanden.[3]) Zu umfangreichen Sammlungen von Stadtrechten ist es erst im 18. Jahrhundert gekommen, insbesondere nachdem das Reichskammergericht im Jahre 1755 von den bei ihm zugelassenen Advokaten und Prokuratoren die Einlieferung aller Rechtsquellen der von ihnen vertretenen Reichsstände forderte.[4]) Auch im 19. Jahrhundert wurde anfangs die Herausgabe von Stadtrechtsquellen wenig gefördert, das Interesse der Rechtshistoriker blieb mehr der Veröffentlichung der Volksrechte, Kapitularien u. dgl. zugewendet. Erst die in den letzten Jahrzehnten des 19. Jahrhunderts mächtig aufblühenden wirtschaftsgeschichtlichen Studien haben das allgemeine Interesse auf diese Quellen gelenkt.

---

[1]) Über die Entwicklung der Stadtrechte, Stadtrechtsfamilien u. dgl. vgl. Schröder, Deutsche Rechtsgeschichte (5. Aufl.) S. 696, wo auch alle wichtige Literatur angegeben ist.

[2]) Über die Rezeption der fremden Rechte vgl. Schröder S. 805 und die dortigen Literaturangaben.

[3]) vgl. zum folgenden Karl Koehne, Die modernen Stadtrechtseditionen. Wesen, Zweck und Mittel, Korr.-Bl. 1905 Sp. 251—278.

[4]) Über wichtige Stadtrechtseditionen im 17. und 18. Jahrhundert vgl. Beyerle, Deutsche Gesch.-Bl. Bd. 11 (1910) S. 148.

Unter den zahlreichen Veröffentlichungen von Stadtrechtsbüchern und anderen städtischen Rechtsquellen, um welche sich auch die lokalgeschichtliche Forschung sehr verdient gemacht hat, ragen besonders die Publikationen der badischen historischen Kommission, der westfälischen historischen Kommission und des Schweizer Juristenvereins hervor.

Unter dem Titel „Oberrheinische Stadtrechte" gibt die badische historische Kommission in Verbindung mit der Kommission zur Herausgabe elsässischer Geschichtsquellen unter Leitung von Richard Schröder, Karl Koehne und neuerdings auch G. v. Below drei Abteilungen solcher Quellen heraus, nämlich fränkische, schwäbische und elsässische Stadtrechte.

Als Zeitgrenze hat Schröder, der ursprüngliche alleinige Herausgeber, etwa die Mitte des 16. Jahrhunderts bestimmt,[1]) und diese Einschränkung ist auch wohl durch die seit dieser Zeit stark anschwellenden Stoffmassen im allgemeinen geboten. Allerdings sollten dort, wo sich älteres Material nicht mehr erhalten hat, zuweilen auch jüngere Quellen herangezogen werden. Koehne berücksichtigt indessen gelegentlich auch besonders lehrreiche Stadtrechtsquellen aus dem 17. und 18. Jahrhundert, und zwar selbst dann, wenn für denselben Ort älteres Material in genügender Menge vorlag.

Der Umfang des für zahlreiche Orte vorhandenen Materials ist außerordentlich verschieden. Während sich von Schlettstadt die Quellen für etwa sieben Jahrhunderte vollständig erhalten haben und auch für Überlingen reiches Material festgestellt werden konnte, sind sie z. B. für Heidelberg und andere Städte großenteils zerstört. Gerade die Schlettstadter Quellen, von Joseph Gény bearbeitet, sind daher auch in einem Umfang abgedruckt worden, welcher über das übliche Maß weit hinausgeht. Außer den königlichen und kaiserlichen Privilegien über Verfassung und Verwaltung sind die Satzungen und Ordnungen der autonomen Reichsstadt und auch die Quellen des Beamtenrechts sowie Bürger-, Handwerker- und Zunftordnungen aufgenommen. Im Interesse der wirtschaftsgeschichtlichen Forschung kann man es nur begrüßen, daß in den Veröffentlichungen der Oberrheinischen Stadtrechte (insbesondere den Bänden Überlingen und Schlettstadt) auch die städtischen Ratsverordnungen

[1]) Zeitschrift der Savigny-Stiftung für Rechtsgeschichte Bd. 19 (1898) S. 202.

ausgiebig verwertet wurden. Daß jedoch in einer Veröffentlichung von Stadtrechtsquellen auch Bürger- und Ratslisten, Verzeichnisse über städtische Schulden und Forderungen, Bußregister u. dgl. abgedruckt werden, wie das für Schlettstadt geschah, ist m. E. nicht zu billigen.[1])

Die von der Historischen Kommission für Westfalen in Angriff genommene umfassende Bearbeitung von Stadtrechtsquellen rechtfertigt sich durch die große Bedeutung der westfälischen Städte für die Entwicklung des Städtewesens im Norden und Osten.[2]) Allerdings sind gerade diejenigen Orte, welche für die Erkenntnis der ältesten städtischen Einrichtungen in Betracht kommen, die Bischofs- und Stiftsstädte nicht mit einbezogen, da ihre Verfassungszustände (besonders die von Soest) schon am meisten bekannt sind. Man hat daher mit den von der Forschung bisher weniger beachteten märkischen Städten begonnen, und das Stadtrecht von Lippstadt, einer Tochterstadt von Soest, und Hamm, der Tochterstadt von Lippstadt und Mutterstadt aller übrigen Städte der Grafschaft Mark, an erster Stelle berücksichtigt.[3])

Nachdem sich die rechtsgeschichtliche Forschung schon sehr eingehend mit den schweizerischen Stadtrechten beschäftigt hatte,

---

[1]) Ein Überblick über die bis jetzt vorliegenden Ausgaben dürfte nicht unwillkommen sein. Unter dem Titel: Oberrheinische Stadtrechte, herausgegeben von der Badischen Historischen Kommission, erschienen:

I. Abt.: Fränkische Rechte. 1. Heft: Wertheim, Freudenberg und Neubrunn (1895); 2. Heft: Der Oberhof Wimpfen mit seinen Tochterrechten Eberbach, Waibstadt, Oberschefflenz, Bönnigheim und Mergentheim (1895); 3. Heft: Lauda, Ballenberg und Krautheim, Amorbach, Walldürn, Buchen, Külsheim und Tauberbischofsheim (1897); 4. Heft: Miltenberg, Obernburg, Hirschhorn, Neckarsteinach, Weinheim, Sinsheim, und Hilsbach (1898); 5. Heft: Heidelberg, Mosbach Neckargemünd, Adelsheim (1900); 6. Heft: Ladenburg, Wiesloch, Zuzenhausen, Bretten, Gochsheim, Heidelsheim, Zeutern, Boxberg, Eppingen (1902); 7. Heft: Bruchsal, Rothenberg, Philippsburg (Udenheim), Obergrombach und Steinbach (1906); 8. Heft: Grünsfeld, Neidenau, Osterburken.

II. Abt.: Schwäbische Rechte. 1. Heft: Villingen (1905); 2. Heft: Überlingen (1908).

III. Abt.: Elsässische Rechte. 1. Heft: Schlettstadt (2 Bde.) 1902.

[2]) Beyerle, Neue Veröffentlichungen deutscher Stadtrechte, Deutsche Gesch.-Bl. Bd. 5 (1904) S. 13ff.; Koehne a. a. O. Sp. 257.

[3]) Westfälische Stadtrechte. Abt. I: Die Stadtrechte der Grafschaft Mark (bearb. von A. Overmann). Heft 1: Lippstadt; Heft 2: Hamm (= Veröff. der Histor. Kommission für Westfalen III) 1901ff.

beschloß im Jahre 1894 der Schweizer Juristenverein, eine nach Kantonen geordnete Sammlung der Stadt- und Landrechte, der Herrschafts- und Amtsrechte sowie der bäuerlichen und grundherrlichen Rechte (Weistümer) vorzunehmen. Begonnen wurde mit den von Walter Merz und Emil Welti bearbeiteten Quellen des Kantons Aargau, dessen Stadtrechte von Aarau, Baden und Brugg, Bremgarten und Lenzburg vorliegen, außerdem sind die Stadtrechte von Bern, von Kaiserstuhl und Klingnau inzwischen erschienen.[1]) Hinsichtlich der Einzelheiten dieser sowie der oberrheinischen und westfälischen Rechtsdenkmale sei hier auf die wiederholt erwähnte eingehende Darstellung von Beyerle hingewiesen.

In diesem Zusammenhang sind auch die Veröffentlichungen zu nennen, welche die „Gesellschaft für Rheinische Geschichtskunde" vorbereitet und deren oben (S. 14) bereits ausführliche Erwähnung geschah. In den „Quellen zur Rechts- und Wirtschaftsgeschichte der rheinischen Städte" sollen in erster Linie Stadtrechte, Gerichtsordnungen und Weistümer, Verordnungen zur Verfassung und Verwaltung Aufnahme finden. Außerdem ist auch dei Abdruck von Einzelurkunden und Akten zur Rechts-, Verfassungs- und Verwaltungsgeschichte in Aussicht genommen. Wie dies beim 1. Band geschah, soll auch künftig dem Abdruck der Texte eine Einleitung vorangestellt werden, die alle wesentlichen Züge der Entwicklung des Verfassungs- und Verwaltungsrechtes zusammenfaßt. Da nach der Ankündigung sämtliche rheinischen Städte berücksichtigt werden sollen, und das Material für zahlreiche Städte schon für den Druck vorbereitet ist, darf die Wirtschaftsgeschichte von dieser groß angelegten Veröffentlichung erheblichen Nutzen erwarten.

Wegen ihres reichen wirtschaftsgeschichtlichen Gehalts verdienen auch die besonders im Gebiet der Hansestädte verbreiteten sogen. Burspraken (civiloquium, Bürgersprache) großes Interesse. Es waren dies Ratserlasse meist polizeilichen Inhalts, die in gewissen Zeit-

---

[1]) Bis jetzt liegen vor: Sammlung schweizerischer Rechtsquellen, herausgegeben auf Veranstaltung des Schweiz. Juristenvereins mit Unterstützung des Bundes und der Kantone. XVI. Abt.: Die Rechtsquellen des Kantons Aargau. 1. Teil: Stadtrechte. Bd. 1: Das Stadtrecht von Aarau (1898); Bd. 2: Die Stadtrechte von Baden und Brugg (1899); Bd. 4: Die Stadtrechte von Bremgarten und Lenzburg. II. Abt.: Kanton Bern. 1. Teil Bd. 1: Das Stadtrecht von Bern I (1218—1539) 1902. XVII. Abt. Bd. 3: Die Stadtrechte von Kaiserstuhl und Klingnau.

räumen regelmäßig der Bürgerschaft verkündigt wurden. Ihr Name rührt daher, daß sie ursprünglich in den Zusammenkünften der Bürger zur Beschlußfassung über gemeindliche Angelegenheiten (Burspraken) verlesen wurden. In Lübeck versammelte man jährlich viermal die Bürger auf dem Marktplatz, und der Bürgermeister verlas die Bursprake von der Laube des Rathauses. Diese Form der Veröffentlichung verblieb bis zur Reformation, während von da ab die Verordnungen von der Kanzel herab verkündigt wurden.[1]) Die Bürgersprachen der Stadt Wismar, welche schon durch Burmeister im Jahre 1840 veröffentlicht wurden, hat jetzt Friedrich Techen[2]) in einer vortrefflichen Neuausgabe zugänglich gemacht, welche den neuesten Forderungen der Quellenveröffentlichung entspricht. Auf S. 24 ff. seiner Ausgabe macht Techen ausführliche Literaturangaben für die Burspraken aus anderen Städten des Hansagebietes.

Außer diesen besonders wichtigen Veröffentlichungen sind von neuen Stadtrechtspublikationen noch zu nennen die von Strenge und Devrient besorgte Herausgabe der Stadtrechte von Eisenach, Gotha und Waltershausen[3]) und das sogen. „Rote Buch“ der Stadt Rottweil, das zwischen 1498 und 1503 angelegt worden ist.[4]) Auch das vor kurzem erschienene Urkundenbuch der Reichsstadt Pfeddersheim enthält Aufzeichnungen des Stadtrechtes aus dem Jahre 1600.[5])

Eine wichtige Frage ist die, ob man sich bei der Veröffentlichung auf die Wiedergabe des urkundlichen Textes beschränken oder in einer Einleitung auch die Verfassungsgeschichte des behandelten Ortes darstellen, mit anderen Worten, den Gehalt der Quellen in der

---

[1]) vgl. Frensdorff, Das Lübeckische Recht nach seinen ältesten Formen S. 80 ff.; Wehrmann, Zeitschr. d. Ver. f. Lübeckische Gesch. u. Altert. Bd. 3 S. 400. Über den Charakter dieser Quellen im allgemeinen vgl. Koppmann, Hansische Gesch.-Bl. 1872 S. 186; H. Joachim, desgl. Bd. 23 (1906) S. 396 ff.

[2]) Friedrich Techen, Die Bürgersprachen der Stadt Wismar (=Hansische Geschichtsquellen N. F. Bd. 3), Leipzig 1906.

[3]) Die Stadtrechte von Eisenach, Gotha und Waltershausen, herausgegeben von Strenge und Devrient (=Thüringische Geschichtsquellen N. F. Bd. 6), Jena 1906.

[4]) Greiner, Das ältere Recht der Stadt Rottweil. Mit geschichtlicher und sprachlicher Einleitung, Stuttgart 1900. Genaueres über die Einrichtung dieser Ausgabe findet man bei Beyerle a. a. O. S. 15.

[5]) Urkundenbuch der früheren Reichsstadt Pfeddersheim, herausgegeben von Daniel Bonin, Frankfurt 1911, S. 161—190.

Darstellung verwerten soll. In der Literatur sind alle Schattierungen vertreten von dem nackten Abdruck der Quellen bis zur eingehendsten, die rechts- und wirtschaftsgeschichtlich wichtigen Tatsachen ausführlich behandelnden Darstellung, welche neben dem Text gegeben wird.

Bei der Herausgabe der oberrheinischen Stadtrechte hat man auf eine solche Einführung gänzlich verzichtet, während die Bearbeiter der westfälischen Quellen eine sehr ins einzelne gehende Entwicklungsgeschichte der Stadtverfassung und Stadtverwaltung voranschicken. Auch der Rottweiler Veröffentlichung ist eine sehr ausführliche verfassungsgeschichtliche Einleitung vorangestellt, die sich auch genauer mit der Entstehung der Stadt beschäftigt, und Techen hat die in den Burspraken vorliegenden Quellen in ausführlichster Weise in der Darstellung verwertet.

Demgegenüber hat Beyerle mit Recht die Forderung erhoben, sich bei Veröffentlichungen von Stadtrechtsquellen auf das wesentliche zu beschränken und aus der Verfassungsentwicklung des betreffenden Ortes nur das Wichtigste in kurzen Strichen zu geben, im übrigen aber auf eine ausführliche Darstellung, die ja doch nur subjektiver Natur sein könne, zu verzichten. Wenn eine Ausschöpfung des von den Quellen gebotenen Materials beabsichtigt ist, dann kann das besser getrennt von der Quellenveröffentlichung geschehen. Beyerle ist der Meinung, daß mindestens historische Daten bezüglich der Entstehung der Stadt, des Stadtherrn, Marktrechtes und Marktgerichtes, des Rates und der städtischen Ämter, des Stadtrechts und der Stadtrechtsfamilie gegeben werden sollen. Auch Rietschel[1]) hat sich für kurze Einleitungen ausgesprochen und glaubt, daß die oberrheinischen Stadtrechte gerade deshalb von der Forschung nicht in wünschenswerter Weise benutzt worden seien, weil sie ganz auf eine solche Einleitung verzichten.[2])

Wenn einmal die in Angriff genommenen großen Stadtrechtsveröffentlichungen abgeschlossen vorliegen, dann kann die Wirtschaftsgeschichte großen Nutzen von ihnen ziehen, denn es kann keinem Zweifel unterliegen, daß erst durch diese Quellen die Erkenntnis des städtischen Wirtschaftslebens im Mittelalter auf eine

[1]) Viertelj. f. Soz. u. Wirtsch.-Gesch. Bd. 8 S. 303.

[2]) Mit der hier aufgeworfenen Frage hat sich auch der Historikertag in Dresden (1907) sehr eingehend beschäftigt.

sichere Grundlage gestellt wird. Es wäre sehr zu wünschen, daß die landesgeschichtlichen Publikationsinstitute ihren Einfluß geltend machten, um die zerstreuten Veröffentlichungen umfangreicher Stadtrechtsquellen in lokalgeschichtlichen Zeitschriften zu verhindern. Das kann dadurch geschehen, daß die historischen Kommissionen Hand auf das Aktenmaterial legen und größere Sammlungen vorbereiten, die von sachkundiger Hand geleitet werden und das nach einheitlichen Grundsätzen bearbeitete Material der Forschung zugänglich machen. Auch für die wichtigsten ehemaligen Reichsstädte ist die Veröffentlichung des wesentlichen Quellenmaterials in zuverlässigen Ausgaben ein dringendes Bedürfnis. Einen großen Fortschritt in dieser Richtung und eine sichere Grundlage für eine großzügige Durchführung dieser Aufgaben wird die von Beyerle geplante Verzeichnung sämtlicher noch vorhandener Stadtbücher bilden, unter denen ja die Stadtrechtsbücher den bedeutendsten Rang einnehmen.

Wenn man sich bei dem Abdruck städtischer Rechtsquellen im allgemeinen auf die Zeit bis 1550 beschränkt hat, so geschah es deshalb, weil das spätere Material wegen der Überfülle des Stoffes nicht leicht zu bewältigen ist. Seit der zweiten Hälfte des 16. Jahrhunderts werden die von der Obrigkeit erlassenen Verwaltungsvorschriften immer zahlreicher[1]) und schwellen im 17. und 18. Jahrhundert zu einer fast unübersehbaren Masse an. Auch für die städtischen Verwaltungsbehörden war es immer schwieriger geworden, über die Geltung behördlicher Rechtsvorschriften einen Überblick zu gewinnen. Daher wurden im 18. Jahrhundert allenthalben Sammlungen dieser Verordnungen angelegt, die zunächst für den Gebrauch der städtischen Ämter bestimmt waren.

Eine deutliche Vorstellung von der Vielseitigkeit dieser Sammlungen gewährt das ausführliche Sachregister, welches für die Kölner Edikte vom Jahre 1493 bis 1819 hergestellt ist.[2]) Alle diese zahlreichen Vorschriften, welche sich mit den Fragen des Handwerks, des Handelsverkehrs, des Marktwesens, der Lebensmittelversorgung beschäftigen, finden sich auch in der großen Edikten-

---

[1]) Mit Recht sind zahlreiche dieser Ordnungen in den „Oberrheinischen Stadtrechten" zum Abdruck gebracht worden (vgl. besonders die Bände Schlettstadt und Überlingen).

[2]) Mitteilungen aus dem Stadtarchiv Köln Heft 28, 29 (1889) S. 158ff.

sammlung des Frankfurter Stadtarchivs, die in vieler Beziehung der Kölner Sammlung gleicht wie ein Ei dem anderen.

In diesen sogen. Ediktensammlungen[1]) besitzen wir für die Zeit des 16.—18. Jahrhunderts, also die am meisten vernachlässigte Periode der deutschen Wirtschaftsgeschichte,[2]) ein geradezu unerschöpflich reichhaltiges Material, das von der Forschung bisher leider fast nicht berücksichtigt worden ist. Einzelne Stücke dieser Verordnungen sind zwar in den Zeitschriften historischer Vereine öfter abgedruckt und auch in Darstellungen hier und da verwertet worden, allein eine systematische Ausbeute dieses hervorragend wichtigen Materials ist nirgends erfolgt.[3]) Da man an diesen vortrefflichen, an der Oberfläche liegenden Quellen bisher ziemlich achtlos vorbeigegangen ist, darf es nicht Wunder nehmen, daß wir über die Wirtschafts- und Verwaltungsgeschichte der deutschen Städte im 17. und 18. Jahrhundert viel weniger unterrichtet sind als für die Zeit des späteren Mittelalters.

Indessen würde eine Verwertung dieses Quellenmaterials ohne das Studium der dazu gehörigen Akten in vielen Fällen ein falsches Bild liefern. Schon die häufige Wiederholung derselben Vorschriften in kurzen Zwischenräumen und auch der Inhalt dieser Verordnungen lassen deutlich erkennen, daß sie häufig umgangen wurden und in manchen Fällen nur auf dem Papier standen. Nur zu häufig begegnet man in der wirtschaftsgeschichtlichen Literatur Arbeiten, die sich mit den Verhältnissen des ausgehenden Mittelalters beschäftigen und sich nur auf die Rechtsvorschriften stützen, ohne an Hand der Ratsprotokolle, Handwerkerakten, Münzakten, Strafbücher u. dgl. nachzuweisen, inwieweit diese Bestimmungen auch durchgeführt worden sind. Ist also schon für die Zeit des aus-

---

[1]) Auch für die einzelnen Territorien machten sich solche Ediktensammlungen notwendig, für sie gilt natürlich ebenfalls das hier Gesagte. Vgl. Gustav Wolf, Einführung in das Studium der neueren Geschichte, 1910 S. 560—568.

[2]) Einen Anfang zur Erforschung dieser stark vernachlässigten Zeit hat v. Below unternommen in seinen Untersuchungen über den Untergang der mittelalterlichen Stadtwirtschaft, Jahrb. f. Nat. u. Stat. 3. Folge Bd. 17 (1901) S. 449ff., 593ff.

[3]) Dagegen sind derartige Quellen aus dem Mittelalter häufiger zugänglich gemacht, z. B. von Eheberg in seinen Quellen zur Verfassungs-, Verwaltungs- und Wirtschaftsgeschichte von Straßburg, von Baader in den Nürnberger und Bruckner in den Straßburger Polizeiordnungen.

gehenden Mittelalters große Vorsicht am Platze, so gilt das noch viel mehr für den Zeitraum vom 16. bis 18. Jahrhundert, wo nicht selten jahrzehntelang rechtliche Vorschriften unverändert wiederkehren, die in der offensichtlichsten Weise umgangen worden sind.

7. Rechnungsbücher.

Unter der Bezeichnung Rechnungsbücher im weiteren Sinne kann man alle in Buchform niedergelegten Aufzeichnungen über die Einnahmen eines Haushaltes und deren Verwendung zusammenfassen. Das Bestehen solcher Bücher für den öffentlichen Haushalt ist überall dort zu vermuten, wo eine zentralisierte obrigkeitliche Gewalt vorhanden ist, welche die ihr zufließenden Einnahmen zu öffentlichen Zwecken verwendet. Es ist dabei selbstverständlich kein Unterschied, ob die Einnahmen ganz oder zum Teil aus Naturalien bestehen oder ob es sich lediglich um Geldbeträge handelt.

Nach den Forschungen von Inama-Sternegg[1]) hat schon Karl der Große in seinen Kapitularien Anweisungen erlassen, welche die Beamten verpflichteten, jährlich Rechnung zu legen über die Verwendung der eingegangenen Naturalien und Geldbeträge, doch scheinen sich Aufzeichnungen dieser Art nicht erhalten zu haben. Die allmählich aufkommenden großen Grundherrschaften und Territorien besaßen in den Urbaren[2]) bereits Übersichten über die zu erwartenden Einkünfte aus Grundbesitz, aber damit noch keinen Nachweis der wirklichen Bezüge und ihrer Verwendung. Mit der immer komplizierter werdenden Finanzverwaltung stellte sich auch die Notwendigkeit der Führung von Rechnungsbüchern ein, die in regelmäßigen Zwischenräumen Aufschluß über die Finanzlage geben sollten.

Ebenso wie die Landesherrschaften haben auch die kirchlichen Behörden und die Korporationen kirchlichen Charakters in regelmäßigen Zwischenräumen ihre Einnahmen und deren Verwendung nachgewiesen. Ganz besonders wichtig sind die von den Städten geführten Register über die Einnahmen und Ausgaben, welche eine der wertvollsten Quellen zur Erkenntnis des Wirtschaftslebens in den Städten darstellen, und schließlich verdienen auch die Rechnungs-

---

[1]) Sitzungsberichte der k. Akademie der Wiss. (Wien) Bd. 84 (1877) S. 205.

[2]) Ausführliches über diese Gruppe von Quellen weiter unten S. 51.

bücher der Einzelhaushalte (Haushaltbücher), in diesem Zusammenhang erwähnt zu werden.[1])

Was zunächst die landesherrlichen Quellen dieser Art betrifft, so finden sich die ältesten Rechnungsbücher in Savoyen und Tirol, und es ist nicht unwahrscheinlich, daß hier der Einfluß des benachbarten hochentwickelten italienischen Verwaltungs- und Buchführungswesens gewirkt hat, wie Redlich vermutet.[2]) Schon im Jahre 1260 begannen die Grafen von Savoyen, sich von ihren Amtleuten Rechnungsbücher vorlegen zu lassen,[3]) und seit 1288 wurden landesfürstliche Rechnungsbücher für Kärnten-Tirol in fortlaufender Reihe geführt, die jetzt im Innsbrucker Statthalterei-Archiv und im Münchener Reichs-Archiv aufbewahrt werden. Ebenso haben sich Bruchstücke von Quellen dieser Art für Bayern und Österreich in jener Zeit nachweisen lassen, insbesondere ist hier zu nennen das wertvolle Rechnungsbuch des oberen Vicedomamtes Herzog Ludwigs des Strengen von 1291 bis 1294[4]) und das Rationarium der Herzöge von Österreich aus den Jahren 1326 bis 1338.[5]) Weitere derartige Quellen hat Inama-Sternegg auf S. 206f. seiner erwähnten Arbeit angeführt.

Von hervorragender Bedeutung für die Geschichte des päpstlichen Finanzwesens und des wirtschaftlichen Lebens am päpstlichen Hofe sind die Rechnungsbücher der apostolischen Kammer (introitus et exitus camerae apostolicae), von denen jetzt diejenigen aus der Zeit Johanns XXII. durch die Görres-Gesellschaft an die Öffentlichkeit gebracht worden sind. Mit dieser Publikation hat sich die Görres-Gesellschaft, welche im Zusammenhang mit ihrem historischen Institut in Rom die Aufhellung der Papstfinanzen für die Zeit von

---

[1]) Von der quellenkritischen Betrachtung sind die privaten Haushaltbücher hier ausgeschieden, da über ihren Quellenwert und ihre Geschichte ausführlich berichtet wird in dem von mir unter Benutzung des Nachlasses von Schnapper-Arndt herausgegebenen und in Kürze erscheinenden Werke: Beiträge zur Geschichte der Lebenshaltung in Frankfurt a. M. während des 17. und 18. Jahrh (Vorrede zu Bd. II).

[2]) vgl. zum folgenden Redlich a. a. O. S. 159ff.

[3]) vgl. Archiv für Schweiz. Gesch. Bd. 14 S. 3ff.; Redlich S. 159.

[4]) Herausgegeben von E. v. Oefele im Oberbayr. Archiv Bd. 26 S. 272—344.

[5]) vgl. Ehmel, Österreichische Geschichtsforscher Bd. 1 S. 28—49, Bd. 2 S. 203—259, 418ff.

1316 bis 1378 betreibt, um die wirtschaftsgeschichtliche Forschung erhebliche Verdienste erworben.

Die kürzlich erschienenen groß angelegten Arbeiten bringen die Rechnungsbücher, nach Einnahmen und Ausgaben getrennt, vollständig zum Abdruck.[1] Der erste Band von Emil Göller behandelt die Einnahmen und gibt unter kritischer Verwertung der reichhaltigen Literatur eine umfangreiche Darstellung sämtlicher Einnahmequellen der päpstlichen Finanzverwaltung.[2] Die Ergebnisse seiner Darstellung sind nicht nur für die Kenntnis des kirchlichen Finanzwesens, sondern für die Finanzgeschichte überhaupt von großer Bedeutung. Sie zeigen eine Ausbildung von Formen der Verwaltung eines öffentlichen Haushaltes, wie man sie in den Städten und Territorien jener Zeit vergeblich suchen würde.

Noch weit ertragreicher für die Wirtschaftsgeschichte als die Einnahmen sind die Ausgaben der apostolischen Kammer, um deren Veröffentlichung und Bearbeitung sich K. H. Schäfer verdient gemacht hat. Die Methode, welche er zur Bewältigung des weitschichtigen Materials anwendet, ermöglicht es, die vielgestaltigen Ausgabegruppen in ein übersichtliches System zu bringen. Allerdings ist dies erleichtert worden durch die verwaltungstechnisch musterhafte Anlage der päpstlichen Rechnungsbücher. Die einzelnen Ämter, wie das Brotamt, das Weinamt, die Küche, der Marstall usw., führten regelmäßig besondere Handbücher, aus welchen man die Gesamtsummen dann in die Hauptrechnung übertrug, wo sie nach bestimmten Verwaltungszweigen zusammengestellt wurden. Daraus ergibt sich nun die Gruppierung des Stoffes in Aufwendungen für die Küche, das Brotamt, die Kellerei, den Marstall, für Kleidung und Gewebe, Kunstgegenstände und Schmucksachen, für Bauwerke, für das Siegelamt, zur Gehaltzahlung an die päpstlichen Beamten und für wohltätige Zwecke. Innerhalb dieser Gruppen hat der Bearbeiter das Material noch in Unterabteilungen gegliedert, sodaß ein Zurechtfinden so leicht als möglich gemacht wird.

---

[1]) Emil Göller, Die Einnahmen der apostolischen Kammer unter Johann XXII. 1. Teil: Darstellung, 2. Teil: Quellen; K. H. Schäfer, Die Ausgaben der apostolischen Kammer unter Johann XXII. nebst einer Jahresbilanz von 1316 bis 1375. (Vatikanische Quellen zur päpstl. Hof- und Finanzverwaltung 1316—1378, herausgegeben von der Görres-Gesellschaft, Bd. 1 u. 2, Paderborn 1910/11.

[2]) vgl. dazu Baumgarten, Histor. polit. Blätter für das kathol. Deutschland Bd. 145 (1910) S. 713ff.

Der hier verfügbare Raum erlaubt es nicht, auch nur annähernd ein Bild von der geradezu großartigen Reichhaltigkeit dieses Quellenmaterials zu geben. Mit einem Schlag fällt Licht auf das gesamte wirtschaftliche Leben am päpstlichen Hofe. Wir werden — um nur das Wichtigste hervorzuheben — bis ins einzelne unterrichtet über die Versorgung mit Getreide und Brot, mit Käse, Salz, Tafelobst, über den Ankauf und die Behandlung des Weines, die Ausgaben und Bezugsquellen für Wachs, Kerzen und Fackeln, den Bezug von Leinwand aus Florenz, Burgund, Nordfrankreich, Flandern und vieles andere. Besonders ertragreich ist die Rubrik, in welcher Ausgaben verschiedener Art zusammengestellt sind (S. 381—544) und das überaus umfangreiche Kapitel der Aufwendungen für wohltätige Zwecke (S. 638 ff.), welches die gesamte Organisation der päpstlichen Armenpflege erkennen läßt.

Jeder der einzelnen Aufwandgruppen hat der Bearbeiter kurze erläuternde Bemerkungen vorangestellt und durch sehr eingehende geldgeschichtliche Untersuchungen eine Grundlage für die weitere Erschließung dieses einzigartigen Materials geschaffen. Allerdings bleibt jetzt noch die Hauptarbeit, die wirtschaftsgeschichtliche Darstellung zu tun übrig, denn bei aller Anerkennung der achtungswerten Leistung, ein solches Material systematisch zu durchdringen, muß doch hervorgehoben werden, daß Schäfer nur wenige Ansätze unternommen hat, den wirtschaftsgeschichtlichen Ertrag zu sichern. Gute Vorarbeiten in dieser Richtung sind die von ihm gemachten Zusammenstellungen der Jahresbilanzen des päpstlichen Haushaltes für das Pontifikat Johanns XXII. und der Gesamtausgaben für mehrere Pontifikate; auch die Tabelle über den ziffernmäßigen Anteil der einzelnen Verwaltungszweige an den Gesamtausgaben (S. 36) ist äußerst lehrreich.[1]) Der Bearbeiter würde sich um die Wirtschaftsgeschichte ein großes Verdienst erwerben, wenn er sich entschließen könnte, seine genaue Kenntnis der Quellen zu einer eingehenden Darstellung zu verwerten. Eine preisgeschichtliche Untersuchung hat er ja bereits in Aussicht gestellt, und für diese Zwecke bieten die Quellen Material in Hülle und Fülle. Allein es unterliegt keinem Zweifel, daß ihre Ver-

[1]) Aus ihr geht u. a. hervor, daß von den Gesamtausgaben nahezu zwei Drittel (63,7 %) für Kriegszwecke, etwa ein Achtel (12,7 %) für Beamtengehälter, 7,16 % für Almosen, 3,35 % für Küche und 2,5 % für die Kellerei verwendet wurden.

wertung damit nicht annähernd erschöpft ist, denn mit ihrer Hilfe läßt sich ein vollständiges Bild des wirtschaftlichen Lebens am päpstlichen Hofe entwerfen.

Ein Quellenmaterial von größter Reichhaltigkeit ist uns in den Rechnungsbüchern von Stiften und Klöstern überliefert, von denen trotz zahlreicher Veröffentlichungen weitaus der größte Teil noch unerschlossen in den Archiven ruht. Neben den zahlreichen Zinsregistern, Kornrechnungen und Büchern aller Art, welche sich auf die Vermögensverwaltung beziehen, sind insbesondere von Interesse die reinen Ausgabebücher, welche für die Geschichte der Preise eine hervorragende Quelle bilden. Allerdings wird man bei der Verwertung für preisgeschichtliche Zwecke beachten müssen, daß man es hier mit Sonderhaushalten zu tun hat, welche in großen Mengen einkauften und deshalb auch nicht immer die im Verkehr üblichen Preise bezahlten. Immerhin können jedoch die Klosterrechnungen, falls andere Quellen für die Kontrolle nicht zur Verfügung stehen, als preisgeschichtliches Material ersten Ranges bezeichnet werden.

Besonders wichtiges Material liefern die Verwaltungsbücher von Stiftern und Klöstern für die Agrargeschichte, wie in einer Arbeit von Kurt Seidel[1]) mit Recht hervorgehoben wird. Mit ihrer Hilfe läßt sich besonders der Grundbesitz und das Verhältnis der angebauten Getreidesorten feststellen. Wirtschaftsgeschichtlich betrachtet, stellen diese Körperschaften agrarische Großbetriebe mit möglichst autonomer Wirtschaftsführung dar, d. h. alles, was sie selbst erzeugen konnten, wurde tunlichst auch in eigenen Betrieben hergestellt. Trotzdem waren sie auf den Bezug vieler Lebensmittel (Fische, Gewürze, Butter und Eier) angewiesen, und auch Tücher, Papier, Geräte u. dgl. wurden häufig von auswärts bezogen, sodaß diese Quellen auch für die Geschichte des Handelsverkehrs und des Transportwesens in Betracht kommen.[2])

Als Beispiel wertvoller Rechnungen dieser Art ist neben der von Inama-Sternegg erwähnten Literatur u. a. zu nennen die

---

[1]) Kurt Seidel, Klosterrechnungen als Geschichtsquelle in Deutsche Gesch.-Bl. Bd. 12 (1911) S. 294.

[2]) vgl. Seydel a. a. O. S. 296 sowie den allerdings wenig ertragreichen Aufsatz von A. Goette, Die Klöster des Mittelalters im wirtschaftlichen Verkehr, Archiv für Kulturgesch. Bd. 1 (1903) S. 195 ff.

Arbeit von S. Muller über den Haushalt des Utrechter Domkapitels,[1]) welche deshalb von besonderer Bedeutung ist, weil die verwerteten Aufzeichnungen bis ins Jahr 1200 zurückreichen. Sie geben einen deutlichen Einblick in die Wirtschaftsführung, und die Darstellung von Muller ermöglicht es, die Bedarfsdeckung genau zu verfolgen. Insbesondere ist ausführlich geschildert, wie der Propst des Utrechter Domes den Nahrungsbedarf seiner 40 Kanoniker befriedigte.

Unter ganz ähnlichen Gesichtspunkten sind die Rechnungsbücher der geistlichen Ritterorden zu betrachten, für welche in dem von Walter Ziesemer bearbeiteten Ausgabenbuch des Marienburger Hauskomturs ein treffliches Beispiel gegeben ist.[2]) Der Großkomtur des Deutschordens in Marienburg hatte die Oberaufsicht über den Schatz, die Getreidevorräte, das Schiffs- und Transportwesen, das Gesinde, die Handwerksleute u. dgl., wogegen dem Hauskomtur die Einzelverwaltung in den Haupthäusern zustand. Wenn auch der Hauskomtur die Kasse verwaltete und die Ordensbrüder, welche Ämter übernommen hatten, mit Geld versah, so flossen ihm doch keine selbständigen Einnahmen zu, er erhielt vielmehr die zur Verwaltung nötigen Gelder vom Tressler.[3]) Ihm gegenüber hatte er deshalb über die Verwendung der Beträge Rechenschaft zu geben, und zu diesem Zweck führte er ein genaues Ausgabenregister, das uns für die Jahre 1410 bis 1420 durch die Veröffentlichung von Ziesemer in genauem Abdruck zugänglich gemacht wird.

Dieses Ausgabenbuch bildet eine Fundgrube für die Geschichte der Preise und Löhne und gibt, ähnlich wie die Papstregister, einen Einblick in die gesamte Wirtschaftführung. Die Bearbeitung von Ziesemer, der ein vorzügliches Register beigefügt wurde, ist an sich sehr verdienstlich, allein es erscheint fraglich, ob das gewählte Verfahren auch für die Zukunft bei Herausgabe derartiger Quellen zu empfehlen ist. Ziesemer gibt einfach einen originalgetreuen

---

[1]) S. Muller, Der Haushalt des Utrechter Domkapitels um das Jahr 1200, Westd. Zeitschr. Bd. 22 (1903) S. 286 ff.

[2]) Walter Ziesemer, Das Ausgabenbuch des Marienburger Hauskomturs für die Jahre 1410 bis 1420, Königsberg 1911.

[3]) Ein solches Tressler-Buch, welches die Einnahmen und Ausgaben des Marienburger Konvents von 1399 bis 1412 umfaßt, ist im Danziger Staatsarchiv erhalten. Vgl. Ziesemer, Einleitung S. VI Note 2.

Abdruck und eine kurze orientierende Einleitung, verzichtet aber leider auf eine den reichen Inhalt verwertende Darstellung. Zudem erschwert die von ihm angewendete Drucktechnik erheblich die Übersicht über den Stoff, und es würde sich in solchen Fällen — wie überhaupt bei Herausgabe von Rechnungsbüchern — empfehlen, jedem Posten eine selbständige Zeile einzuräumen und den Geldbetrag gesondert auszuwerfen. Ein erheblich größerer Raum wäre dabei nicht nötig, wenn man den Spaltendruck wählt, wie es z. B. von Harms in der unten erwähnten Arbeit geschehen ist.

Ja man kann in solchen Fällen, wo es sich um die chronologische Zerstreuung gleichartiger, häufig wiederkehrender Posten handelt, noch weiter gehen und die Rechnungsbücher in verarbeiteter Form abdrucken, wie es ja auch bei den Papstregistern geschehen ist. Wenn alle Angaben, die sich auf Ankäufe von Fischen, Fleisch, Eiern, Kohlen u. dgl. beziehen, jeweils zusammengestellt werden, so ist der historische Charakter der Quelle nicht im mindesten verändert, und sämtlichen Benutzern dieser Veröffentlichung ist eine Arbeit erspart worden, die jeder eigentlich noch einmal leisten muß, wenn er wichtige Schlußfolgerungen aus dem gebotenen Stoff ziehen will. Bei dem Ausgabenbuch des Marienburger Hauskomturs hätte sich diese Verarbeitung um so unbedenklicher durchführen lassen, als ja ein gewisses System durch die Anlage des Buches und die häufige Zusammenstellung gleichartiger Posten gegeben ist.[1])

Weitaus die bedeutsamsten Quellen in dieser Gruppe sind die städtischen Rechnungsbücher oder Stadtrechnungen. Die älteste Veröffentlichung solcher Quellen ist wohl die von Grünhagen besorgte Ausgabe des Breslauer sogen. „Henricus pauper“, eines Rechnungsbuches von 1299 bis 1358.[2]) Nachdem Hegel auf den Wert dieser Quellen aufmerksam gemacht hatte, und Koppmann (1869) mit der Veröffentlichung seines monumentalen Werkes über die

---

[1]) Eine große Anzahl von Rechnungen der Deutschordens-Ballei in Hessen besitzt das Marburger Staatsarchiv. Vgl. F. Schillmann, Eine Kellereirechnung des Deutschen Ordenshauses in Marburg aus dem 14. Jahrhundert. Archiv f. Kult.-Gesch. Bd. 8 (1910) S. 146ff.

[2]) Codex diplomaticus Silesiae Bd. 3 (1860). Vgl. Tille in dem gleich zu erwähnenden Aufsatz.

Hamburger Stadtrechnungen hervorgetreten war, hat die Forschung diesen Quellen gegenüber ein hervorragendes Interesse bekundet. Eine stattliche Anzahl deutscher, belgischer und niederländischer Veröffentlichungen liegt bis jetzt vor, und die Literatur auf diesem Gebiete ist so rasch gewachsen, daß sie schwer zu übersehen ist. Teils sind der Herausgabe solcher Quellen selbständige Veröffentlichungen gewidmet, teils bilden sie Abteilungen von Urkundenbüchern, häufig sind sie auch nur bruchstückweise in lokalgeschichtlichen Zeitschriften abgedruckt.

Aus der Fülle von Arbeiten dieser Art ragen die erwähnten von Koppmann bearbeiteten Hamburger Kämmereirechnungen und die mustergiltige von Knipping besorgte Ausgabe der Kölner Stadtrechnungen besonders hervor. Wenn auch eine große Anzahl von Quellenausgaben vorliegt und eine Reihe von Arbeiten sich der Verwertung solchen Quellenmaterials in Darstellungen gewidmet hat, so kann ich mich hier doch kurz fassen. Nachweise über die reichhaltige Literatur liegen in großer Anzahl vor, und über die Grundsätze bezüglich der Herausgabe dieser Quellen sowie die von ihnen erwartenden Ergebnisse herrscht seit der tief eindringenden Arbeit von Stieda ziemliche Klarheit. Es wird also hier der Hinweis genügen, daß in der Untersuchung von Stieda über städtische Finanzen im Mittelalter[1]) eine ziemlich vollständige Übersicht über die Erscheinungen der in- und ausländischen Literatur gegeben wird, ebenso ist der kritische Überblick über die Literatur von Tille[2]) sehr beachtenswert. Neuerdings findet man auch kritische Nachweise der Literatur bei Harms in seiner gleich zu erwähnenden Arbeit.

Von besonders wichtigen Neuerscheinungen seit den 1899 erschienenen Arbeiten von Stieda und Tille sind zu nennen die im Auftrag der Oberlausitzischen Gesellschaft der Wissenschaften herausgegebenen und von Richard Jecht bearbeiteten Görlitzer Stadtrechnungen. Hier wurden aus den Jahren 1337 bis 1369 nur Bruchstücke gegeben, dagegen die Quellen, welche für die Jahre 1376 bis 1476 fast lückenlos überliefert sind, vollständig zum Abdruck gebracht.[3]) A. v. Bulmerincq, der sich bereits mit den Rigaer

---

[1]) Wilh. Stieda, Städtische Finanzen im Mittelalter, Jahrb. f. Nat. u. Stat. 3. Folge Bd. 17 (1899) S. 1 ff.

[2]) Armin Tille, Stadtrechnungen, Deutsche Gesch.-Bl. Bd. 1 (1900) S. 65 ff.

[3]) Codex diplomaticus Lusatiae superioris Teil 3, Görlitz 1905—1910.

Kämmereirechnungen des 16. Jahrhunderts beschäftigt hatte,[1]) bearbeitete die von der Gesellschaft für Geschichte und Altertumskunde der Ostseeprovinzen Rußlands herausgegebenen Stadtrechnungen von Riga aus den Jahren 1348 bis 1361 und 1405 bis 1474.[2]) Allerdings werden nur die Ausgaben abgedruckt, denn die Einnahmen, welche in Riga wahrscheinlich in besonderen Büchern verzeichnet waren, haben sich, wie es scheint, nicht mehr erhalten. Von den Trierer Stadtrechnungen, die G. Kentenich herausgibt, ist das erste Heft, enthaltend die Rechnungen aus dem 14. Jahrhundert, erschienen.[3])

Die bedeutsamste Veröffentlichung städtischer Rechenbücher in jüngster Zeit ist die von Bernhard Harms besorgte Ausgabe der Baseler Jahresrechnungen, welche sich seit dem Jahre 1360 lückenlos erhalten haben. Harms plant den Abdruck dieser Quellen bis zum Jahre 1535 und gibt in dem ersten Bande seines Werkes die Einnahmen von 1360 bis 1535, während die Ausgaben von 1360 bis 1490 den zweiten Band füllen und ein dritter für die Zeit von 1491 bis 1535 noch zu erwarten ist.[4])

In vieler Beziehung ist diese Veröffentlichung vorbildlich zu nennen und sie wird zweifellos nach ihrer Vollendung unter allen Publikationen dieser Art mit an erster Stelle stehen. Insbesondere die drucktechnische Einrichtung ist sehr geschickt, und der von Harms benutzte Spaltendruck ist wegen der ökonomischen Verwendung des Raumes und der Unterbringung eines weitschichtigen Materials bei großer Übersicht über die einzelnen Posten, durchaus nachahmenswert.[5])

Leider hat Harms in anderer Weise die Vorzüge seiner drucktechnischen Einrichtung durch den vollständig konservativen Ab-

---

[1]) Aug. v. Bulmerincq, Zwei Kämmereiregister der Stadt Riga, Leipzig 1902.

[2]) Kämmereiregister der Stadt Riga 1348—1361 und 1405—1474, herausgegeben von der Ges. f. Gesch. u. Altertumskunde der Ostseeprovinzen Rußlands, bearbeitet von Aug. v. Bulmerincq, Bd. 1, Leipzig 1909.

[3]) G. Kentenich, Trierer Stadtrechnungen des Mittelalters, 1. Heft: Rechnungen des 14. Jahrhunderts, Trier 1909.

[4]) Bernhard Harms, Der Stadthaushalt Basels im ausgehenden Mittelalter. Quellen und Studien zur Basler Finanzgeschichte, Abt. 1: Jahresrechnungen 1360—1535, Bd. 1: Die Einnahmen, Bd. 2: Die Ausgaben 1360—1490, Tübingen 1910.

[5]) Man vergleiche damit die opulente Druckweise — um nicht zu sagen Raumverschwendung —, die besonders beim 2. Bande der sonst so mustergiltigen Ausgabe der Kölner Stadtrechnungen von Knipping auffällt.

druck der Quellen wieder großenteils vernichtet. Ist schon die Außerachtlassung der üblichen Editionsgrundsätze störend, so muß die Wiedergabe des gesamten Zahlenmaterials in römischen Zahlzeichen entschieden bemängelt werden. Man kann es wohl verstehen, daß bei lateinisch abgefaßten Einzelurkunden die vorkommenden Ziffern und Datumbezeichnungen in römischen Zeichen gedruckt werden. Allein es ist geradezu unverständlich, daß man in einer Quellenveröffentlichung, die vollständig auf Zahlenmaterial beruht und hauptsächlich der Ausbeute für statistische Zwecke dienen soll, die Einzelwerte und die Summenangaben in den ellenlangen lateinischen Zahlzeichen wiedergibt.

Ein rascher Überblick über die zahlenmäßigen Ergebnisse ist bei diesem Verfahren ganz unmöglich gemacht. Mit Recht haben Göller und Schäfer in den erwähnten Ausgaben der päpstlichen Register trotz des lateinischen Quellentextes das reiche Zahlenmaterial in arabischen Ziffern gedruckt. Ebenso ist Knipping bei den Kölner Stadtrechnungen und Ziesemer bei der Herausgabe des erwähnten Ausgabeverzeichnisses verfahren, und das ist auch geradezu selbstverständlich.

Sehr erfreulich ist es, daß Harms eine eingehende Darstellung der Finanzgeschichte des städtischen Haushaltes geben will. Er hat schon treffliche Vorstudien nach dieser Richtung unternommen, insbesondere ist es ihm gelungen, durch eine ausgezeichnete Untersuchung über die Münz- und Geldpolitik Basels[1]) sich für die wirtschaftsgeschichtliche Erschließung dieses reichen und vollständigen Materials den Weg zu ebnen. Die Vorbedingungen für eine Erforschung des Baseler Stadthaushaltes sind deshalb äußerst günstig, weil bereits die klassischen Studien von Schönberg vorliegen, die für die Behandlung finanzgeschichtlicher Fragen in gewisser Weise vorbildlich geworden sind. Glücklicherweise hat auch Harms reiches Material verwerten können, das ihm von Schönberg und Bernoulli zur Verfügung gestellt worden ist. Von ersterem stammt auch die wissenschaftlich höchst wertvolle Tabelle, welche die Einnahmen von 1361 bis 1500 statistisch verarbeitet und die Steuern und Anleihen den übrigen Einnahmequellen gegenüberstellt.[2])

---

[1]) Über diese Arbeit vgl. weiter unten S. 78 f.

[2]) B. Harms, Die Steuern und Anleihen im öffentlichen Haushalt der Stadt Basel, Zeitschr. für die ges. Staatsw. Jahrg. 1907 S. 627—681.

Der Bewältigung des aus zahlreichen Städten vorhandenen Materials auf dem Wege der vergleichenden Statistik stehen schier unüberwindliche Schwierigkeiten entgegen, und das ist begreiflich, wenn man bedenkt, wie sich die moderne Finanzstatistik vergeblich müht, in dieser Beziehung festen Boden zu erlangen. Das hat besonders Stieda empfunden bei seiner erwähnten, auf reichsten Quellenstudien beruhenden Arbeit über die städtischen Finanzen im Mittelalter, und er forderte mit Recht die Aufstellung eines einheitlichen Schemas, um die zahlenmäßigen Ergebnisse verschiedener Finanzwirtschaften besser miteinander vergleichen zu können. Auch seine weiteren Vorschläge, die Stadtrechnungen in ihrem ursprünglichen Umfang abzudrucken, die nötigen geld- und münzgeschichtlichen Vorarbeiten zu liefern und schließlich eine Darstellung der städtischen Finanzverwaltung beizufügen, sind vortrefflich. Ihre Durchführung ist leider nur in seltenen Fällen erfolgt, was deshalb sehr zu bedauern ist, weil ohne Berücksichtigung dieser Forderungen jeder Herausgeber solcher Quellen für die Wissenschaft nur halbe Arbeit leistet.

8. Land- und Kreistagsakten.

Wertvolles Quellenmaterial, namentlich zur Geschichte des Geldwesens, des Handels, des Zollwesens u. dgl., enthalten die Reichstagsakten. Ihre Veröffentlichung schreitet leider nur sehr langsam fort, sodaß wir wahrscheinlich noch lange Zeit auf die älteren Sammlungen von Reichstagsabschieden angewiesen sind. Dazu kommt noch, daß der Mangel eines Sachregisters bei Herausgabe der bis jetzt vorliegenden Reichstagsakten die Ausbeute gerade für wirtschaftsgeschichtliche Zwecke erschwert.

Erfreulicherweise hat man es neuerdings auch unternommen, die weitschichtigen Landtagsakten mancher Territorien durch den Druck zugänglich zu machen. Vor allem ist hier zu nennen die von G. v. Below in mustergiltiger Weise besorgte Herausgabe der Landtagsakten von Jülich und Berg.[1]) Das von Below hierbei angewendete Verfahren, wesentlich mit Regesten zu arbeiten und nur das wichtigste Material im Wortlaut zu geben, wurde von der

[1]) Landtagsakten von Jülich-Berg 1400—1610, herausgegeben von G. v. Below, Bd. 1: 1400—1562 (1895), Bd. 2: 1563—1589 (1907) mit Sachregister zu Bd. 1 u. 2 (= Publikationen der Gesellschaft für Rhein. Geschichtskunde XI).

wissenschaftlichen Kritik ziemlich allgemein gebilligt und ist für derartig weitschichtige Quellen auch wohl das einzig richtige. Der Ertrag dieser Veröffentlichung ist für wirtschaftsgeschichtliche Studien recht bedeutend; insbesondere für die Geschichte der Wirtschaftspolitik, des Steuerwesens [1]) und der gewerblichen Betriebe ist hier umfangreiches Material zutage gefördert worden.

Auch die von Burkhardt herausgegebenen Ernestinischen Landtagsakten [2]) bieten wertvollen Stoff für die Beurteilung des Finanz- und Steuerwesens, des Münzwesens, des Gewerbe- und Handels, wie der ausführliche darstellende Teil des Werkes zeigt. Bezüglich der Grundsätze für die Herausgabe der Akten schließt sich diese Veröffentlichung an das v. Belowsche Werk an. Andere Veröffentlichungen von Landtagsakten, wie z. B. die hessischen oder die württembergischen, haben lediglich Interesse für die politische und Verfassungsgeschichte.

Neben den Landtagsakten wäre die Veröffentlichung der wichtigsten Kreistagsakten, natürlich ebenfalls in stark gekürzter Form, eine lohnende Aufgabe.[3]) Nicht selten waren ja diese Kreistage im Hinblick auf die zu erfüllenden Aufgaben „kleine Reichstage“ (Schröder), und es ist zu erwarten, daß ihre Akten stellenweise noch weit mehr wirtschaftsgeschichtliches Material bieten als die der Landtage. Bei der territorialen Zersplitterung suchte man für verschiedene Verwaltungsaufgaben zuerst eine Einheit innerhalb des Kreises herbeizuführen, um dann mit anderen Kreisen in Verbindung zu treten und für ein größeres Gebiet einheitliche Grundlagen zu schaffen. Dieses Ziel ist allerdings nur in den seltensten Fällen erreicht worden, und dahingehende Bestrebungen sind bei fast allen wichtigen Angelegenheiten, insbesondere bei dem Münzwesen, gescheitert.

---

[1]) vgl. G. v. Below, Geschichte der direkten Staatssteuern von Jülich und Berg (= Landständische Verfassung von Jülich und Berg Teil III), Düsseldorf 1890.

[2]) C. A. H. Burkhardt, Ernestinische Landtagsakten, Bd. 1: Die Landtage von 1487—1532 (= Thüringische Geschichtsquellen N. F. Bd. 5), Jena 1902. Die Herausgabe der Landtagsakten vor der Teilung von 1485/86 hat die Kgl. Sächs. Historische Kommission in Leipzig übernommen.

[3]) Eine Veröffentlichung von Akten des fränkischen Kreises wird eben von Chroust vorbereitet, deren 1. Band soeben erschienen ist: Geschichte des fränkischen Kreises, Darstellung und Akten, herausgegeben von Anton Chroust, 1. Bd. (Veröffentlichungen der Gesellschaft für fränkische Geschichte 2. Reihe) 1911.

9. Akten über Verfassungsstreitigkeiten.

Eine bisher wohl gänzlich unbeachtete Quelle für die Erkenntnis der gesamten Verfassungs-, Verwaltungs- und Wirtschaftsgeschichte einzelner Städte bildet das Aktenmaterial über die Revisionstätigkeit der kaiserlichen Kommissionen bei der Schlichtung von Verfassungstreitigkeiten. In den alten Reichsstädten führte der Streit zwischen Rat und Bürgerschaft, falls er nicht auf gütlichem Wege beigelegt werden konnte, zu langwierigen Prozessen bei den höchsten Reichsgerichten. In zahlreichen Fällen erforderten die Anklagen gegen den Rat eine Untersuchung am Orte selbst, weil das umfangreiche Aktenmaterial von auswärts gar nicht mehr zu bewältigen war.[1]) Aus diesem Grunde wurde eine aus benachbarten Reichsständen gebildete kaiserliche Kommission eingesetzt, welche in verwickelten Fällen eine genaue Revision der gesamten öffentlichen Verwaltung vornahm.

Bei dieser Gelegenheit wurde insbesondere das Ämterwesen, die Beamtenbesoldung, die Rechtspflege, die Finanzverwaltung, das Gewerbewesen und Münzwesen systematisch und aufs genaueste untersucht. Diesem Umstande verdanken wir für die Wirtschafts- und Verwaltungsgeschichte ein ungewöhnlich reiches und vielseitiges Aktenmaterial, wie es sich trefflicher kaum denken läßt. Umfangreiche Denkschriften, Auszüge aus den Rechnungsbüchern, Steuerbüchern, die sich über Jahrzehnte erstrecken, liegen bei den Akten, und es gibt wohl kaum ein Quellenmaterial, das einen tieferen und vollständigeren Einblick in das gesamte wirtschaftliche Leben einer Stadt gewährt als die Akten der kaiserlichen Lokalkommissionen.

Nach Eichhorn[2]) lassen sich die ersten Spuren von kaiserlichen Kommissionen zur Untersuchung von Rechtstreitigkeiten unter Maximilian II. nachweisen. Ursprünglich handelte es sich um Vergleichskommissionen, die besonders bei Religionswirren, anscheinend erst später bei Beschwerden der gesamten Bürgerschaft oder eines Teils derselben gegen den Magistrat, bei Münzwirren u. dgl. tätig wurden. Insbesondere für die Zeit des

---

[1]) vgl. Joh. Jak. Moser, Von der Reichsstättischen Regimentsverfassung 1762 S. 420ff., 454.

[2]) K. F. Eichhorn, Deutsche Staats- und Rechtsgeschichte 4. Aufl. (1836) Bd. 4 S. 207 Note d. Eine ausführliche Abhandlung von diesen Untersuchungskommissionen findet sich bei Moser, Einleitung zum Reichshofratsprozeß 2. Teil Nr. 2 S. 343.

17. und 18. Jahrhunderts scheinen sich Kommissionsakten der geschilderten Art erhalten zu haben, die sich besonders in den Ratsarchiven ehemaliger Reichsstädte und im k. k. Haus- Hof- und Staatsarchiv zu Wien befinden. Für Frankfurt a. M. speziell ist ein weitschichtiges, in den Einzelheiten fast unübersehbares Material vorhanden, das jetzt durch die Bemühungen der Städtischen Historischen Kommission einer systematischen Bearbeitung unterzogen wird. Da sich auch in zahlreichen anderen Reichsstädten ähnliche Vorgänge abspielten — besonders in Dinkelsbühl arbeitete seit 1693 eine kaiserliche Kommission nach der anderen, und ebenso haben für Biberach (1734—1740), Mühlhausen u. a. umfangreiche Untersuchungen dieser Art stattgefunden —, so ist gerade von diesem Material aus der bis jetzt nur spärlich behandelten Zeit des 17. und 18. Jahrhunderts für die Wirtschaftsgeschichte sehr viel zu erwarten.

B. Besondere Quellen.

I. Agrargeschichte, Grundbesitzverhältnisse.

Gegenüber der überaus reichen Literatur zur Erforschung der städtischen Wirtschaftsgeschichte beklagte Alfons Dopsch auf dem 8. Historikertag zu Salzburg (1904) mit Recht die Vernachlässigung agrarhistorischer Untersuchungen für die Zeit des Mittelalters.[1]) Über die wirtschaftliche Entwicklung der Karolingerzeit sind wir ja ziemlich gut unterrichtet, aber von dieser Zeit an bis ins 12. Jahrhuneert ist trotz mehrerer tief eindringender Arbeiten von Seeliger, Rietschel und Caro noch vieles aufzuklären, was allerdings zum Teil an den spärlicher fließenden Quellen liegen mag.[2]) Immerhin sind für die Erkenntnis der Agrargeschichte des Mittelalters Quellen in reichem Maße vorhanden, nur ist es bisher noch nicht gelungen, eine genügende Anzahl von ihnen in neueren kritischen Ausgaben der wirtschaftsgeschichtlichen Forschung nutzbar zu machen. Allerdings setzen diese Veröffentlichungen eine gewaltige Arbeit und weitgehende Arbeitsteilung voraus, denn

---

[1]) vgl. zum folgenden A. Dopsch, Die Herausgabe der Quellen zur Agrargeschichte des Mittelalters, Deutsche Gesch.-Bl. Bd. 6 (1905) S. 144.

[2]) Kritische Untersuchungen über die jüngsten Forschungen zur Geschichte der ostdeutschen Kolonisation gibt Rudolf Kötzschke in Deutsche Gesch.-Bl. Bd. 11 (1910) S. 279—300.

brauchbare Ergebnisse können nur bei völliger Vertrautheit mit den örtlichen Verhältnissen erzielt werden.

Das gilt vor allen Dingen für die vom 9. bis 12. Jahrhundert auftretenden Traditionsbücher, auf welche die Agrargeschichte erst in jüngster Zeit aufmerksam geworden ist. Die ältesten von ihnen waren Sammlungen von Abschriften der Urkunden über den Erwerb von Grundstücken, welche von großen Grundherrschaften angelegt wurden. Die Traditionsbücher stellen also gewissermaßen Kopialbücher der Besitzurkunden dar, jedoch mit dem Unterschied, daß ihnen noch die Bedeutung einer rechtlichen Sicherstellung zukam.[1]) Die frühesten bekannt gewordenen Traditionsbücher dieser Art sind die von Freising unter Bischof Hitto (811—835), sowie die etwa zur selben Zeit in Regensburg und Fulda angelegten; etwas später folgen diejenigen von Passau und dem Kloster Mondsee.

Als an Stelle der Urkundenausfertigung seit dem 10. Jahrhundert immer mehr die Aktaufzeichnung trat, welche ähnlich wie früher die Urkunde die Namen der Zeugen und wesentliche Angaben über die Erwerbung enthielt, nahmen auch die Traditionsbücher einen veränderten Charakter an. Waren sie früher Sammlungen von Urkunden, so werden sie jetzt nachträgliche Sammlungen und Abschriften der einzelnen Akte. Dieser Art waren z. B. die für Salzburg unter Erzbischof Odalbert (922—935) nachgewiesenen Traditionsbücher, und auch an den übrigen, seit Mitte des 10. Jahrhunderts festgestellten Quellen dieser Art läßt sich der Wandel deutlich erkennen.

Die Traditionsbücher gehören besonders dem bayrischen Rechtsgebiet an und sind für den Süden und Südosten Deutschlands zahlreich nachgewiesen. Da sie die gesamten Rechtsgeschäfte über den Grunderwerb einer Kirche, eines Klosters usw. umfassen, bilden sie vom 10. bis 13. Jahrhundert für die Verwaltung der großen Grundherrschaften die einzigen Hilfsmittel, über den Grundbesitz und die Einkünfte hieraus Aufschluß zu gewinnen. In gewissem Sinne stellen sie also die Fortsetzung der fränkischen Polyptycha dar, jener Steuerrollen der Großgrundbesitzer, welche die Namen der

---

[1]) Steinacker, Diplomatik (= Grundriß der Geschichtswissenschaft Bd. 1 1. Halbbd.) 1906 S. 247ff.; vgl. zum folgenden überhaupt O. Redlich, Die Privaturkunden des Mittelalters (= Handb. der mittelalterlichen und neueren Geschichte, Abt. 4: Urkundenlehre, 3. Teil) 1911 S. 80ff.

Grundstücke, Angaben über die Größe des Wald-, Wiesen- und Ackergeländes, die Anzahl der Rebstöcke und Oliven usw. enthielten.[1]) Andererseits sind sie als Vorläufer der noch näher zu betrachtenden Urbare anzusehen, in die sie nach Ausbildung der Siegelurkunde im 13. Jahrhundert allmählich übergehen. In der ersten Hälfte dieses Jahrhunderts ist eine Vermengung von Traditionsbuch und Urbar häufig nachzuweisen, wofür der Falkensteiner Codex (1165 bis 1174) ein besonders kennzeichnendes Beispiel liefert.[2])

Die besondere Bedeutung der Traditionsbücher für die Wirtschaftsgeschichte liegt darin, daß sie für die Zeit des 9. bis 12. Jahrhunderts umfangreichen agrargeschichtlichen Quellenstoff bieten, also für eine Periode, aus welcher sonstige Zeugnisse nur spärlich vorliegen.[3]) Wenn auch nur die älteren Traditionen von Mondsee und Passau eine genaue topographische Anordnung aufweisen, so läßt sich dennoch mit Hilfe dieser Quellen der Besitzstand und das allmähliche Anwachsen des Grundbesitzes einer Grundherrschaft deutlich verfolgen. Nicht selten enthalten die Texte von Traditionsbüchern (als Vorstufen der Urbare) schon eine Aufzählung von Einkünften, Naturaldiensten u. dgl.

Ein abschließendes Urteil über den Ertrag dieser Quellen für die Agrargeschichte wird sich erst dann bilden lassen, wenn sich die Wirtschaftsgeschichte einmal eingehend mit ihnen beschäftigt hat. Um die Herausgabe solcher Quellen haben sich besonders Redlich durch Veröffentlichung des Brixener Codex und Willibald Hauthaler durch Herausgabe der Salzburger Traditionen[4]) verdient gemacht. Während vom Standpunkt der Diplomatik die Eigenart dieser Quellen schon recht gut erforscht ist,[5]) hat ihnen die Wirtschaftsgeschichte bisher kaum Beachtung geschenkt. Was wir über sie wissen, geht im großen und ganzen auf die vortrefflichen diplomatischen Studien Redlichs über die habsburgischen und österreichischen Traditionen zurück.

---

[1]) Redlich S. 12ff.

[2]) Ebenda S. 91.

[3]) Redlich, Mitt. des Instituts für österreichische Geschichtsforschung Bd. 5 S. 53ff. sowie Deutsche Gesch.-Bl. Bl. 1 S. 91ff.; ferner J. Susta, Zur Geschichte und Kritik der Urbarialaufzeichnungen, Sitzungsberichte der Wiener Akademie Bd. 138 S. 43ff.

[4]) Redlich, Deutsche Gesch.-Bl. Bd. 1 (1899) S. 92.

[5]) Ausführliche Literaturangaben bei Redlich S. 79 u. Dopsch, Deutsche Gesch.-Bl. Bd. 6 (1905) S. 49ff.

Einer der wenigen, die ihre Bedeutung für die Wirtschaftsgeschichte erkannt und sie für die Darstellung verwertet haben, ist Caro,[1]) dem wir überhaupt zahlreiche wirtschaftsgeschichtliche Untersuchungen aus dem früheren Mittelalter verdanken. Bezüglich der Herausgabe von Traditionsbüchern ist jedenfalls der Forderung von Dopsch zuzustimmen, mit dem Abdruck des Textes gleichzeitig eine Darstellung und besonders eine statistische Bearbeitung der Hauptergebnisse zu verbinden. Nur auf diese Weise kann von einer Veröffentlichung dieser Quellen eine wirksame Förderung der Agrargeschichte erwartet werden.

Es ist bereits erwähnt worden, daß die jüngeren Traditionsbücher überleiten zu einer anderen, für die Agrargeschichte höchst wertvollen Quellengruppe, den Urbaren. Seit Inama-Sternegg in seinen Untersuchungen über die Quellen der Wirtschaftsgeschichte und in seiner deutschen Wirtschaftsgeschichte die Aufmerksamkeit erneut auf Urbare und urbariale Aufzeichnungen gelenkt hat,[2]) beschäftigt sich die Wirtschaftsgeschichte eingehend mit diesen für die Erkenntnis der älteren Wirtschaftsverfassung hervorragend wichtigen Quellen. Es sind dies von Grundherrschaften angelegte Verzeichnisse, welche bezweckten, einen Überblick über den Grundbesitz und die regelmäßig daraus fließenden Einkünfte festzustellen. Aufzeichnungen dieser Art reichen vereinzelt zurück bis ins 9. und 10. Jahrhundert,[3]) werden aber erst im Laufe des 12. und 13. Jahrhunderts allgemeiner. In gewissem Sinn kann man auch das unter dem Namen Domesday-book bekannt gewordene englische Reichsgrundbuch aus den Jahren 1083—1086, dieses großartige Denkmal mittelalterlicher Wirtschaftsgeschichte, als Urbar bezeichnen, denn es bezweckte, die Verteilung des Grund und Bodens und hiernach die Steuerleistung zu ermitteln.[4])

---

[1]) G. Caro, Studien zu den älteren St. Galler Urkunden, Jahrb. f. schweiz. Geschichte Bd. 26, 27, sowie Zur Agrargeschichte der Ostschweiz, in Jahrb. f. Nat. u. Stat. Bd. 79 (1902).

[2]) Sitzungsberichte der Wiener Akademie Bd. 84 (1877) S. 180ff. Vgl. auch seine Ausführungen über Urbarien und Urbarialaufzeichnungen in der Archivalischen Zeitschr. Bd. 2 (1877) S. 26ff.

[3]) vgl. den trefflich orientierenden Aufsatz von G. Caro, Zur Urbarforschung, Hist. Viertelj. 1906 S. 156.

[4]) Eine amtliche Ausgabe dieses Domesday-book (liber judiciarius Angliae) stammt aus dem Jahre 1783. Vgl. darüber Lappenberg, Geschichte von Eng-

Solche Güter- und Einkünfteverzeichnisse sind nicht nur von Landesherren, sondern auch von anderen weltlichen und geistlichen Grundherren vorhanden. Allerdings hat sich bisher das meiste Interesse den landesfürstlichen Urbaren zugewendet, von welchen jetzt diejenigen aus Niederösterreich, Oberösterreich und der Steiermark auf Veranlassung der Wiener Akademie herausgegeben wurden.[1]) Die von Alfons Dopsch (unter Mitwirkung von Mell und Levec) in mustergültiger Weise veröffentlichten Einkünfteverzeichnisse aus den Jahren 1220—1230 und 1236—1240 gehen zurück auf urbariale Aufzeichnungen Herzog Leopolds V. (1177—1194), und 1265 wurde ein Urbar für die Steiermark angelegt. In Bayern ist unter Herzog Otto um 1240 ein landesfürstliches Urbar errichtet worden[2]) (1280 erneuert), und die Habsburger schufen in dem 1303—1308 hergestellten Urbar ein Verzeichnis der Einkünfte, welches das Gesamtgebiet ihres schwäbisch-elsässischen Besitzes zusammenfaßte.[3])

Nach den grundlegenden Forschungen von Dopsch hängt die Entstehungsursache der Urbare hauptsächlich mit dem Auftreten der Erbleihe seit Mitte des 12. Jahrhunderts in den österreichischen Städten zusammen. Sehr bald verbreitete sich diese Einrichtung auf das Land, und jetzt waren die Grundherrschaften nach Zerschlagung der alten Fronhofsbezirke und Verpachtung der Parzellen genötigt, sich durch Anlage von Urbaren und Zinsbüchern einen Überblick über ihren reich gegliederten Besitzstand zu verschaffen.[4])

Bilden die Urbaraufzeichnungen überhaupt die wichtigsten Quellen der mittelalterlichen Agrargeschichte, so sind die landesfürstlichen Urbare ganz besonders auch für die Finanz- und Steuergeschichte der Territorien von großem Interesse. Bei fortschreitender Entwicklung des Territoriums ist der Grundbesitz

---

land. Hamburg 1834—1837; Ellis, Introduction in the Domesday-book (1833) und Maitland, Domesday-book and beyond, London 1897.

[1]) Österreichische Urbare, hrsg. von der K. Akad. d. Wiss. I. Abt.: Landesfürstliche Urbare; Bd. 1: Die landesfürstlichen Urbare Nieder- und Oberösterreichs aus dem 13. u. 14. Jahrh. (1904); Bd. 2: Die landesfürstlichen Urbare der Steiermark aus dem Mittelalter (1910).

[2]) Monumenta Boica Bd. 36. Vgl. Riezler, Geschichte Bayerns Bd. 2 S. 178 und Redlich, Urkundenlehre Bd. 3 S. 158.

[3]) Veröffentlicht von R. Maag und P. Schweizer in den Quellen zur Schweizer Geschichte Bd. 14 u. 15.

[4]) vgl. Dopsch, Landesfürstliche Urbare Bd. 1 S. CCXIII ff.

zwar die wesentliche, nicht aber die ausschließliche Einnahmequelle, und neben ihm sind schon Abgaben öffentlichrechtlicher Art (aus Vogteien, Gericht und Steuern) sehr bedeutend. Da bei den landesfürstlichen Urbaren Landesherr und Gutsherr in einer Person vereinigt sind, so enthalten diese Quellen neben den Einkünften aus Grundbesitz auch zahlreiche Bezüge öffentlichrechtlicher Art, wie die Forschungen von Dopsch ausführlich nachgewiesen haben. Daher kann die Finanz- und Steuergeschichte von einer Verwertung dieser Quellen großen Nutzen ziehen, und v. Below hat wohl nicht unrecht, wenn er unter Hinweis auf W. Lotz, Das Aufkommen der Geldwirtschaft im staatlichen Haushalt (1908) behauptet, daß in der nationalökonomischen Literatur diese Dinge oft ganz übersehen werden.[1])

Neben diesen landesfürstlichen Urbaren kommen namentlich diejenigen der Stifter und Klöster in Betracht. Als besonders wichtige Veröffentlichung dieser Art können die rheinischen Urbare bezeichnet werden. B. Hilliger hat sich um die Herausgabe solcher Verzeichnisse des Klosters St. Pantaleon in Köln und Rudolf Kötzschke um die Bearbeitung der Urbare der Abtei Werden a. d. Ruhr verdient gemacht.[2]) Wegen der sonstigen zahlreichen Veröffentlichungen von Urbaren, welche in der lokalgeschichtlichen Literatur enthalten sind, kann hier auf die erwähnten Aufsätze von Caro in der Historischen Zeitschrift und Dopsch in den Deutschen Geschichtsblättern verwiesen werden. Die mannigfaltigen Urbarveröffentlichungen geistlicher Grundherrschaften aus der österreichischen Literatur hat Dopsch im 1. Band seiner erwähnten Bearbeitung (S. 109 ff.) zusammengestellt.

Nicht mit Unrecht macht Caro (S. 156) geltend, daß in der Bevorzugung des Materials von Stiftern und Klöstern eine gewisse Einseitigkeit liegt, und daß Einkünfteverzeichnisse von „Fürsten, Grafen, Freiherren und Rittern, Bürgern und Bauern, an denen es ja durchaus nicht mangelt“, vielfach weit lehrreicher sind. Es liegt jedoch in der Natur der Sache, daß sich die Lokalgeschichte

---

[1]) Zeitschr. f. Soz. Wiss. (hrsg. v. L. Pohle) Jahrg. 1911 S. 638.

[2]) Rheinische Urbare, Sammlung von Urbaren und anderen Quellen zur rheinischen Wirtschaftsgeschichte. Bd. 1: Die Urbare von St. Pantaleon in Köln, hrsg. von B. Hilliger (1902); Bd. 2: Die Urbare der Abtei Werden a. d. Ruhr, hrsg. v. R. Kötzschke; 1. Hälfte: Die Urbare vom 9. bis 13. Jahrh. (1906) (= Publ. d. Ges. f. Rhein. Gesch. XX).

— denn fast nur sie kommt hier in Betracht — bisher den sehr zahlreich überlieferten und mehr an der Oberfläche liegenden Quellen zugewendet hat. Jedenfalls ist aber die von Caro gegebene Anregung bei allen Urbarveröffentlichungen, welche größere Gebiete umfassen, sehr beachtenswert, und auch die Wiener Akademie hat in ihrem Arbeitprogramm bei Herausgabe der Urbare eine eigene (4.) Abteilung für die Verzeichnisse der weltlichen Grundherrschaften vorgesehen.

Viel gewichtiger als die von Caro gerügte Einseitigkeit ist die Tatsache, daß von den bisherigen zahlreichen Ausgaben von Urbaren nur wenige den Anforderungen einer strengen wissenschaftlichen Kritik standhalten können. In den meisten Fällen hat man sich auf einen Abdruck der Quellen nebst einer mehr oder weniger ausführlichen Einleitung beschränkt, die meist nur eine Urkundenbeschreibung, Untersuchung der Datierung usw. enthält, sodaß der Nationalökonom, wie Dopsch (S. 159) treffend bemerkt, stets leer ausgeht. Will man mit der Herausgabe dieser Quellen der Forschung einen wirklichen Dienst leisten, so ist es nötig, sie in den Zusammenhang der wirtschaftlichen Verfassung ihrer Entstehungszeit zu rücken und insbesondere die fraglichen topographischen Einzelheiten ausführlich klarzustellen.

In dieser Hinsicht ist die Ausgabe der österreichischen Urbare von Dopsch durchaus vorbildlich zu nennen. Hier ist außer der Wiedergabe des Textes in den Anmerkungen ein gewaltiges Material verarbeitet; in umfangreicher Darstellung sind die Hauptergebnisse niedergelegt, und zahlreiche statistische Tabellen ermöglichen einen Überblick über die Verteilung der verschiedenen Wirtschaftgüter innerhalb der Ämter, die Geld- und Naturralleistungen an den Grundherrn usw., mit anderen Worten, das so äußerst spröde Material ist in sehr bequemer Weise der wirtschaftsgeschichtlichen Forschung zugänglich gemacht worden.

Der wirtschaftsgeschichtliche Ertrag dieser Quellen lohnt in reichem Maße die erhebliche Mühe, welche auf ihre Herausgabe verwendet werden muß. Schon Inama-Sternegg hat hervorgehoben, daß Urbarialaufzeichnungen in vortrefflicher Weise geeignet sind, den Übergang von der Natural- zur Geldwirtschaft zu verfolgen.[1]) Für die Verteilung des Grundbesitzes, die Geschichte der

[1]) Über die Quellen usw. S. 204. Dagegen hat wohl Inama-Sternegg

Landwirtschaft (Betriebsformen, Bodenproduktion, Vieh- und Geflügelhaltung usw.) bilden sie Quellen ersten Ranges. Eine Verzeichnung sämtlicher in den österreichischen Archiven vorhandenen Quellen dieser Art ist bereits durchgeführt, und eine Veröffentlichung der Urbare auch der geistlichen und weltlichen Grundherrschaften, ist von der Wiener Akademie in Aussicht gestellt. Von einer Vollendung dieses monumentalen, nach großen Gesichtspunkten angelegten Werkes darf man für die Wirtschaftsgeschichte reichen Ertrag erhoffen.[1])

In anderer Weise wie Dopsch bei den österreichischen Quellen ist man bei der Bearbeitung der erwähnten rheinischen Urbare vorgegangen.[2]) Hier ist das umfangreiche Erläuterungsmaterial nicht wie bei der österreichischen Publikation in Anmerkungen verwertet, sondern zwischen den Texten vollständig abgedruckt worden. Insbesondere sind der Urbarveröffentlichung auch Urkunden über den Erwerb der einzelnen Güter, Protokolle über die Verleihungen und Weistümer beigegeben.[3]) Man ging dabei von Lamprechts Forderung der sogen. institutionellen Urkundenbücher aus, d. h. Veröffentlichungen, welche alle wichtigen Aktenstücke des betreffenden Instituts als Komplex zusammenfassen und daher nach den Anschauungen Lamprechts besonders geeignet sind, den kulturgeschichtlichen Gehalt der Quellen zu erschließen.[4]) Im vorliegenden Fall sollen also die Urbare „mit dem für ihr Verständnis absolut notwendigen Kern anderer aktenmäßiger Überlieferung" umgeben werden. Der große Vorzug institutioneller Urkundenbücher ist ja gewiß nicht zu leugnen, allein wegen der Massenhaftigkeit des hier in Betracht kommenden Materials, insbesondere gegen Ende des Mittelalters,[5]) wäre die Urbaredition

---

den Wert der Urbare überschätzt, wenn er (S. 201) meint, daß sie für die mittelalterliche Bevölkerungsstatistik (Volksmenge, Verhältnis der Geschlechter, Volksdichtigkeit) mit zu den wichtigsten Quellen zählten.

[1]) Eine ausführliche Verwertung der österreichischen Urbare findet sich bei Alfons Dopsch, Die ältere Sozial- und Wirtschaftsverfassung der Alpenslaven, Weimar 1909. Vgl. dazu die Ausführungen von J. Peisker zum gleichen Gegenstand in Viertelj. f. Soz. u. Wirtsch.-Gesch. Bd. 7 (1909) S. 326—337.

[2]) vgl. K. Kaser, Viertelj. f. Soz. u. Wirtsch.-Gesch. Bd. 5 S. 469 ff.

[3]) vgl. F. Philippi, Über Veröffentlichung von Rechtsquellen und Rechtsaltertümern, Westd. Zeitschr. f. Gesch. u. Kunst Jahrg. 26 (1907) S. 41.

[4]) vgl. das Vorwort zu den rheinischen Urbaren Bd. 1.

[5]) Dopsch, Deutsche Gesch.-Bl. Bd. 6 S. 156.

ganzer Länder nach Lamprechts Vorschlag eine kaum zu bewältigende Aufgabe, und somit ist wohl dem von Dopsch gewählten Verfahren der Vorzug zu geben.

Besitzen wir also reiches Material für die Agrargeschichte der großen Grundherrschaften, so erhebt sich die Frage, welche Quellen uns für die Beurteilung der städtischen Grundbesitzverhältnisse zur Verfügung stehen. Anfänglich wurde in den Städten die Eigentumsübertragung an Grundstücken mündlich vor Richter und Schöffen vorgenommen, eine Beurkundung fand nicht statt. Das war natürlich nur möglich, solange die abgeschlossenen Rechtsgeschäfte verhältnismäßig wenig zahlreich und daher leicht zu übersehen waren. Als aber das Aufblühen verkehrsreicher Städte eine rasch wachsende Zahl von Eigentumsübertragungen mit sich brachte, wurde eine schriftliche Festlegung der abgeschlossenen Rechtsgeschäfte unerläßlich notwendig.

Für die schriftliche Beurkundung haben die einzelnen Städte verschiedene Formen gefunden.[1]) In Köln, der im 12. Jahrhundert größten und verkehrsreichsten Stadt Deutschlands, begann man zwischen 1130 und 1140 in den Sondergemeinden der St. Martins- und Laurentiuspfarre mit der schriftlichen Aufzeichnung dinglicher Rechtsgeschäfte. Die Einträge wurden auf Pergamentblättern vorgenommen, welche man auf Stäbe aufgerollt oder gefaltet in dem Schrein der Teilgemeinden hinterlegte, woraus die Bezeichnung Schreinskarten zu erklären ist. In den nächsten Jahrzehnten legten auch die übrigen Teilgemeinden und seit 1150 die Gesamtgemeinde solche Schreinskarten an. Später trat an Stelle der einzelnen Pergamentblätter die Aufzeichnung in Bücher, welche ebenfalls im Schrein aufbewahrt wurden (Schreinsbücher).[2])

Ebenso wie Köln hat sich auch die Stadt Andernach solcher loser

---

[1]) vgl. zum folgenden besonders die vortrefflichen Ausführungen von Redlich (S. 186ff.) mit Angaben der neuesten Literatur Steinacker S. 265ff. und Beyerle, Deutsche Gesch.-Bl. Bd. 11 (1910) S. 184ff.

[2]) Die Schreinskarten und Schreinsbücher sind durch den Druck veröffentlicht von Hoeniger, Kölner Schreinsurkunden des 12. Jahrhunderts (= Publ. der Gesellschaft für Rheinische Geschichtskunde Bd. 1), 2 Bde. 1884, 1893/94. Vgl. dazu die bei Redlich (S. 186 N. 5) erwähnten Arbeiten von Lau, Seeliger, Keussen und Beyerle; ferner Keussen, Verzeichnis der Schreinskarten und Schreinsbücher, in Mitt. aus dem Stadtarchiv von Köln Heft 32 (1904) S. 1—158.

Pergamentstreifen bedient,[1]) die an einander geheftet und zur besseren Aufbewahrung auf einen Holzstab aufgerollt wurden. In ähnlicher Weise ging seit den ersten Jahrzehnten des 13. Jahrhunderts auch in Metz die Beurkundung der Rechtsgeschäfte vor sich. In jedem Pfarrbezirk wurde ein Schrein aufgestellt, und die beiden Parteien übergaben dem Beamten eigens ausgefertigte Urkunden zur Aufbewahrung im Schrein, wodurch ihnen Beweiskraft verliehen wurde. Rechtskraft kam diesen Urkunden jedoch nur dann zu, wenn das Rechtsgeschäft zugleich in die Bannrolle eingetragen ward. Die für Metz erhaltenen Bannrollen beginnen im Jahre 1220 und sind, soweit das 13. Jahrhundert in Betracht kommt, durch den Druck veröffentlicht worden.[2])

In Köln war man, wie bereits angedeutet, aus Gründen der Zweckmäßigkeit im Anfang des 13. Jahrhunderts dazu übergegangen, statt der lose aufzubewahrenden Karten Bücher anzulegen. Diesem Beispiele folgten nun seit Mitte des Jahrhunderts zahlreiche andere Städte, und auch von den Gemeinden, welche die Einträge vorher auf Einzelblätter vorgenommen hatten, wurde jetzt die Buchform gewählt. In der rechtsgeschichtlichen und der diplomatischen Literatur bezeichnet man diese Quellen jetzt allgemein als Stadtbücher. Da man herkömmlicherweise jedoch unter diesem Begriff auch Stadtrechtsquellen und Bücher der städtischen Verwaltung (Steuerbücher, Rechnungsbücher u. dgl.) zusammenfaßt,[3]) macht Redlich (S. 189) den glücklichen Vorschlag, sie wegen ihres besonderen Charakters als privatrechtliche Stadtbücher zu bezeichnen.[4])

Diese privatrechtlichen Stadtbücher sind in Mittel- und Oberdeutschland ziemlich selten und haben ihre hauptsächliche Verbreitung im Gebiet des sächsischen Rechtes gefunden. Durch den Einfluß des lübeckischen und magdeburgischen Rechtes breiteten sie sich auch an den Städten der Ostsee aus. Nach Steinacker

---

[1]) Hoeniger, Annalen des histor. Vereins für den Niederrhein Bd. 42 (1884).

[2]) Karl Wichmann, Die Metzer Bannrollen des 13. Jahrh. (= Quellen zur Lothringer Geschichte Bd. 5 u. 6) 1908. Vgl. auch derselbe, Die Bedeutung der Metzer Bannrollen als Geschichtsquelle, Jahrb. d. Ges. f. Lothr. Gesch. u. Altertumskunde Bd. 21 (1909) S. 28—85.

[3]) vgl. die Ausführungen weiter oben S. 25.

[4]) Grundlegend für die Erforschung der privatrechtlichen Stadtbücher ist die oben erwähnte Arbeit von Homeyer. Vgl. auch Schröder, Deutsche Rechtsgeschichte (5. Aufl.) S. 720 N. 15 sowie den überaus wichtigen Aufsatz von Karl Beyerle, Deutsche Gesch.-Bl. Bd. 11 (1910), bes. S. 151 ff.

(S. 266) reichen die privatrechtlichen Stadtbücher in Magdeburg, Lübeck, Wismar, Hamburg, Stralsund usw. bis in die erste Hälfte des 13. Jahrhunderts zurück, und im 14. Jahrhundert fehlt das privatrechtliche Stadtbuch wohl nur in wenigen Städten des Nordens und Nordostens.

Dagegen wurde in Süddeutschland bei dem Abschluß von Rechtsgeschäften über Grundstücke der von Schöffen und Rat ausgefertigten Siegelurkunde der Vorzug gegeben.[1]) Die später in diesen Gebieten (z. B. seit 1381 in Konstanz) geführten Bücher über die abgeschlossenen Rechtsgeschäfte haben einen wesentlich anderen Charakter als die obenerwähnten Stadtbücher. Sie sind nicht Protokolle über den Vollzug des Rechtsgeschäftes, sondern ihr Inhalt besteht aus kurzen notizenhaften Aufzeichnungen über die wesentlichen Bestandteile der Abmachung, welche als Grundlage für die später auszustellende Urkunde diente.[2])

Berücksichtigt man nun, daß im 15. und 16. Jahrhundert die Einrichtung der neueren Grundbücher aufkam, welche Quellen ersten Ranges darstellen, so erkennt man, welch ein gewaltiges Material für die Geschichte des städtischen Grundbesitzes überliefert worden ist. Trotz der von der Diplomatik geleisteten trefflichen Vorarbeiten auf diesem Gebiet sind jedoch die Quellen für die Wirtschaftsgeschichte noch wenig erschlossen. Neben den Kölner Schreinsbüchern, den Metzer Bannrollen und der überaus reichen Literatur der Stadtbücher[3]) sind besonders die in süddeutschen Urkundenbüchern massenhaft veröffentlichten Urkunden über den Verkauf von Grundstücken einer eingehenden Bearbeitung nach der wirtschaftsgeschichtlichen Seite würdig.

Ganz besonders lohnend wäre eine historisch-statistische Ausbeute der städtischen Grundbücher, Währschaftbücher u. dgl., wofür bis jetzt nur spärliche Ansätze vorhanden sind. Da sie genügend Anhaltpunkte bieten, die Eigentumübergänge ein und desselben

---

[1]) Eine Sammlung von solchen Urkunden zur Geschichte des Grundbesitzes in Konstanz bietet K. Beyerle, Grundeigentumsverhältnisse und Bürgerrecht im mittelalterlichen Konstanz 2. Bd.: Die Konstanzer Grundeigentumsurkunden der Jahre 1152—1371, Heidelberg 1902.

[2]) Redlich S. 203.

[3]) Eine ziemlich vollständige Übersicht über die in Frage kommende Literatur bietet Kleeberg in seiner erwähnten Arbeit im Archiv für Urkundenforschung Bd. 2 (1909) S. 480 ff.

Grundstücks auf längere Zeit zu verfolgen, bilden sie vortreffliche Quellen zur Geschichte der Grundrente, hinsichtlich der wir für frühere Jahrhunderte noch völlig im Dunkeln tappen. Allerdings zählen Untersuchungen über die Geschichte der Grundrente wohl zu den schwierigsten Forschungen der deutschen Wirtschaftsgeschichte, weil die Verschiebung der Kaufkraft des Geldes eine im strengen Sinn exakte Ermittlung der Wertveränderungen in Frage stellt.

Außer den Grundbüchern kommen auch noch andere Register der städtischen Verwaltung zur Erkenntnis der Grundbesitzverhältnisse in Betracht. Für die Reichsstadt Frankfurt bieten z. B. die vom Ackergericht geführten Schutzlohnregister eine vortreffliche, statistisch leicht verwertbare Quelle, um die Verteilung und Größe des privaten Grundbesitzes festzustellen. Jeder Besitzer von Ackerland, Wiesen, Gärten oder Weinbergen hatte eine nach dem Flächeninhalt abgestufte Gebühr (Schutzlohn) für die Bewachung des Grundstücks durch den Flurschützen zu entrichten, und die Schutzlohnbücher dienten zur Veranlagung des Betrages und zur Kontrolle der eingegangenen Zahlung. Sie enthalten daher für jeden Besitzer ein eigenes Konto, aus welchem sein Eigentum an Grundstücken mit Angabe des Flächeninhalts und der Gewannlage zu ersehen ist.

Zahlreiche andere Quellen zur Geschichte des Grundbesitzes wären hier noch zu nennen, so z. B. die böhmischen Landtafeln und polnischen Grodbücher, die Währschaft- oder Gewährbücher, die Satz- oder Insatzbücher u. a. m. Der Kürze halber sei hier auf die klare Darstellung bei Redlich (S. 195 ff.) verwiesen, wo eingehende Literaturangaben zu finden sind. Dem Grundbuchwesen von Novgorod hat C. Brinkmann ausführliche Studien gewidmet,[1]) und für die Geschichte des Großgrundbesitzes in der neueren Zeit hat Max Bär in den Vasallenlisten der preußischen Provinz Westpreußen auf eine vielversprechende Quelle aufmerksam gemacht, welche besonders auch ermöglicht, den Wert des Grundbesitzes sämtlicher adeliger Untertanen festzustellen.[2])

---

[1]) C. Brinkmann, Die ältesten Grundbücher von Novgorod in ihrer Bedeutung für die vergleichende Wirtschafts- und Rechtsgeschichte, Viertelj. f. Soz. u. Wirtsch.-Gesch. Bd. 9 (1911) S. 84 ff.

[2]) Max Bär, Der Adel und der adelige Grundbesitz in Polnisch-Preußen zur Zeit der preußischen Besitzergreifung (Mitt. d. Kgl. Preuß. Archivverw. Heft 19) Leipzig 1911. Über die statistische Behandlung dieser Vasallenlisten vgl. Bär,

II. Historische Bevölkerungstatistik.

Unter den mannigfaltigen, bis jetzt bekannten Quellen der historischen Statistik sind wohl die wichtigsten diejenigen, welche uns ermöglichen, direkt oder indirekt Schlüsse auf die Bevölkerung, ihre Zahl, ihre berufliche Gliederung usw. zu ziehen. In allen Fällen handelt es sich um Aufstellungen, die zu ganz anderen Zwecken gemacht wurden, als um den Stand der Bevölkerung zu erkennen. Vor allem hatten die mittelalterlichen, hinsichtlich der Versorgung mit Lebensmitteln in erster Linie auf sich selbst angewiesenen Städte das größte Interesse, die in ihren Mauern befindlichen Mengen von Brotgetreide zu erfahren, um etwaige Belagerungen in Kriegszeiten aushalten zu können.[1]) Um die Höhe der Bevölkerungszahl hat man sich jedoch wenig gekümmert, und es ist deshalb auch nicht ganz zutreffend, diese Erhebungen als „Volkszählungen" zu bezeichnen, wie das so oft geschieht.

Solche Getreideaufnahmen sind für verschiedene Städte im Mittelalter und der Neuzeit nachgewiesen worden, seit Hegel (1864) in den Chroniken der deutschen Städte[2]) auf die so wertvolle Nürnberger Quelle von 1449 aufmerksam gemacht hat.[3]) Eheberg konnte ähnliche wichtige Aufzeichnungen für Straßburg aus den Jahren 1473—1477[4]) und H. Pirenne für Ypern aus dem Jahr 1491[5]) (Vorräte an Korn und Salz) nachweisen. Für Frankfurt haben sich im Stadtarchiv ebenfalls Akten über derartige Erhebungen auffinden lassen, die aber leider nur bruchstückweise erhalten sind.

Geben also diese Quellen eine zahlenmäßige Feststellung der gesamten Bevölkerung, der Einzelhaushalte, der Erwachsenen, der

---

Westpreußen unter Friedrich dem Großen (=Publ. aus dem Kgl. Preuß. Staatsarchiv Bd. 83,84), Leipzig 1909, bes. Bd. 1 S. 361 ff., über die Grundbücher S. 375 ff.

[1]) vgl. Inama-Sternegg, Die Quellen der historischen Bevölkerungsstatistik, Statist. Monatsschrift Bd. 12 (1886) S. 390.

[2]) Über Nürnbergs Bevölkerungszahl und Handwerkerverhältnisse im 14. und 15. Jahrhundert, Chroniken Bd. 2 S. 317 ff., 500.

[3]) vgl. hinsichtlich der Bearbeitung von Bücher und Jastrow die kritischen Bemerkungen bei Sander, Die reichsstädtische Haushaltung Nürnbergs, dargestellt auf Grund ihres Zustandes von 1431—1440 (1902) S. 902 ff.

[4]) Jahrbücher f. Nat. u. Stat. N. F. Bd. 7 (1883) S. 297 ff., Bd. 8 (1884) S. 413 ff.

[5]) H. Pirenne, Les dénombrements de la population d'Ypres au XVe siècle (1412—1506), Viertelj. f. Sozial- u. Wirtsch.-Gesch. Bd. 1 (1903) S. 1 ff.

Kinder, der Dienstboten u. dgl., so bietet eine andere Gruppe von Quellen nur Teile der Bevölkerung, während das Fehlende durch Schätzung bezw. mehr oder minder genaue Berechnung ergänzt werden muß. Hierher gehören vor allem die Listen über die Zahl der Haushaltungen, der Erwachsenen, der Waffenfähigen sowie Bürgerlisten, Eidregister, Steuerbücher u. dgl. Sie sind für die Ermittlung der Bevölkerungsziffer gegenüber dem obenerwähnten Material Quellen zweiten Ranges, denn hier ist immer durch die Ergänzung der fehlenden Bevölkerungsteile eine mehr oder minder große Unsicherheit in die Berechnung hineingetragen. Seit den bahnbrechenden Untersuchungen von Bücher für Frankfurt ist eine ganze Literatur entstanden, und für eine große Zahl deutscher Städte besitzen wir jetzt Bevölkerungszahlen aus dem Mittelalter. Von einem näheren Eingehen auf diese Dinge kann hier abgesehen werden, da eine erschöpfende Darstellung mit Angabe der neuesten Literatur in dem von Inama-Sternegg bearbeiteten Artikel „Bevölkerungswesen“ in der kürzlich erschienenen dritten Auflage des Handwörterbuchs der Staatswissenschaften alles Nähere zu finden ist. Die beste Übersicht über die methodischen Fragen bietet noch heute die bekannte Arbeit von J. Jastrow,[1]) wenngleich sie in Einzelheiten durch die sehr zahlreichen Neuerscheinungen seit den 25 Jahren ihrer Herausgabe längst überholt ist.

Besitzen wir also für die Erforschung der mittelalterlichen Bevölkerung in einzelnen Städten zahlreiche Hilfsmittel, so befinden wir uns in nicht geringer Verlegenheit, wenn wir für das Gebiet eines Territoriums die Bevölkerung ermitteln wollen. Gelegentlich seiner Studien auf diesem Gebiet hat Paasche ganz allgemein ausgesprochen, es sei eine absolute Unmöglichkeit, soweit das germanische Mittelalter in Betracht kommt, für ganze Territorien nachträglich Aufschlüsse über ihre Volkszahlen zu geben, da es an jeder Grundlage für eine auch nur leidlich sichere Schätzung fehle.[2]) Zum Glück liegen die Dinge jedoch nicht so ungünstig, und mit Recht ist Grotefend dieser unvorsichtigen

[1]) J. Jastrow, Die Volkszahl deutscher Städte zu Ende des Mittelalters und zu Beginn der Neuzeit (1886). Vgl. auch Daszynska, Stoff und Methode der historischen Bevölkerungsstatistik, Jahrb. f. Nat. u. Stat., 3. Folge Bd. 11 (1896).

[2]) Jahrb. f. Nat. u. Stat., N. F. Bd. 5 (1886) S. 303 ff.

Äußerung Paasches entgegengetreten. Er erbrachte den Nachweis, daß die Akten über die Erhebung des gemeinen Pfennigs von 1495, welche sich an manchen Stellen bruchstückweise erhalten haben, tatsächlich die Bevölkerungsziffer ganzer Territorien ermitteln lassen.[1])

Nach der Ordnung des gemeinen Pfennigs vom Jahr 1495[2]) sollte in den nächsten vier Jahren eine jährliche Steuer im ganzen Reich erhoben werden, die von allen Personen über 15 Jahren zu zahlen war. Der Satz betrug bei einem Vermögen von weniger als 500 fl. den 24. Teil eines Guldens und war für alle, die mehr als 500 fl. besaßen, nach dem Vermögen abgestuft.[3]) Die Erhebungslisten weisen also nur die Zahl der Personen über 15 Jahre nach, sodaß in der Ergänzung der fehlenden Bevölkerungsteile auch hier wieder ein unsicherer Faktor in die Erscheinung tritt. Da uns der Altersaufbau der Bevölkerung aus jener Zeit nicht bekannt ist, sind wir auf die Zuhilfenahme moderner statistischer Koëffizienten angewiesen, wie ja auch Bücher zu seinen Berechnungen der unter 12 Jahre alten Personen die Zählergebnisse des Jahres 1858 zu Hilfe nehmen mußte.

Von den Steuerregistern des gemeinen Pfennigs haben insbesondere die auf Mecklenburg bezüglichen durch Friedrich Stuhr eingehende Bearbeitung und Verwertung für die historische Bevölkerungsstatistik gefunden.[4]) Stuhr wählt zur Ergänzung die Ergebnisse der ersten mecklenburgischen Volkszählung von 1819, wobei er vermutet, daß die so gewonnene Zahl der Personen unter 15 Jahren zu groß ausfalle, die Endergebnisse also Maximalziffern darstellen. Aber auf eine andere Schwierigkeit ist noch hinzu-

---

[1]) vgl. Frankfurter Zeitung 1893 Nr. 346 und neuerdings Grotefend, Das Volkszählungsmaterial im Schweriner Archiv, Korr.-Bl. 1908 Sp. 476ff.

[2]) vgl. Zeumer, Quellensammlung zur Geschichte der deutschen Reichsverfassung in Mittelalter und Neuzeit (= Quellensammlung zum Staats-, Verw.- und Völkerrecht, hrsg. von H. Triepel, Bd. 2) S. 238ff.

[3]) Nämlich bei einem Gesamtvermögen von 500 fl. rhein.: $^1/_2$ fl. Steuer, bei 1000 fl: 1 fl. und „uber 1000 fl. uber einen ganzen Rheinischen Guldin, sovil sein Andacht ist". Über die Erhebung dieser Reichssteuer vgl. E. Gothein, Der gemeine Pfennig von 1495 (Breslauer Diss. 1877), H. Ulmann, Kaiser Maximilian I., 1884 S. 379ff.

[4]) Fr. Stuhr, Die Bevölkerung Mecklenburgs am Ausgang des Mittelalters, Jahrb. des Ver. f. Mecklenburgische Geschichte und Altertumskunde 58. Jahrg. (1893) S. 332ff.

weisen, die in der Ungleichheit des Quellenmaterials liegt. Die Ordnung des gemeinen Pfennigs von 1495 befahl zwar die Aufstellung von Erhebungslisten durch die einzelnen Bezirke, gab aber keine Anweisung über ihre Einrichtung, und so erklärt sich, daß die Register der einzelnen Orte inhaltlich nicht selten verschieden ausgefallen sind.[1]) Einige der uns überlieferten Register nennen die Personen mit Namen und Steuerleistung, andere wieder nur die Summe der aus den einzelnen Orten bezw. Verwaltungsbezirken eingegangenen Beträge. So hat oft Stuhr für seine Mecklenburger Statistik vor der Frage gestanden, ob z. B. der Betrag von $^1/_2$ fl. für eine Person mit 500 fl. Vermögen oder für zwölf Personen mit einem Vermögen unter 500 fl. bezahlt war. Hinsichtlich des Mecklenburger Materials mißt Stuhr dieser Schwierigkeit allerdings keine große Bedeutung bei, da hier Güter im Wert von 500 fl. selten waren und sich nur in den Handelszentren und im Besitz weniger Adeligen befanden.

Diese Bedenken kommen natürlich überall dort in Betracht, wo das Material nur Gesamtergebnisse mitteilt und nicht die Einzelpersonen namhaft macht. Große Vorsicht in der Verwertung des Materials ist auch besonders dann am Platze, wenn es sich herausstellt, daß in einem Territorium gewisse Gruppen von Personen aus irgendeinem Grunde die Steuerleistung verweigert haben. So konnte z. B. Hans Widmann bei seiner sehr vorsichtigen und kritischen Bearbeitung der für das Erzbistum Salzburg aufgefundenen Register nur zu ungefähren Ergebnissen gelangen, da weder die Untertanen des Stifts im bayrischen Herzogtum noch die Grundholden einzelner Adeligen und die Reichsritterschaft ihren Beitrag geleistet hatten. Abgesehen davon stellte sich heraus, daß die Listen für manche Städte überhaupt fehlten.[2])

Im Anschluß an die Ausführungen von Grotefend hat Rudolf Jung das reichhaltige, im Frankfurter Stadtarchiv befindliche Material ausführlich beschrieben,[3]) um die historisch-statistische Forschung auf diese einzigartige Quelle aufmerksam zu machen.

---

[1]) Eingehende kritische Bemerkungen hierüber bei R. Jung, Die Akten über die Erhebung des gemeinen Pfennigs von 1495 ff. im Stadtarchive zu Frankfurt a. M. Korr.-Bl. 1909 Sp. 331.

[2]) vgl. Hans Widmann, Die Erhebung der ersten Reichssteuer in Salzburg im Jahre 1497, Mitt. der Ges. für Salzburger Landesgeschichte Bd. 50.

[3]) Korr.-Bl. 1909 Sp. 328 ff.

Ganz besonders eingehend sind die Register des Bistums Speyer, welche den Eindruck großer Vollständigkeit machen, wie ich aus eigener Anschauung des Quellenmaterials bestätigen kann. Hier sind die weltlichen Einwohner der Ämter Lauterburg, Kißlau, Udenheim, Kirrweiler, Bruchsal, Altburg und Deidesheim sowie der Stadt Landau (Angehörige der zwölf Zünfte nebst den Hintersassen) einzeln aufgezählt, und am Schluß wird die Geistlichkeit des ganzen Bistums in den einzelnen Kirchenbezirken namhaft gemacht.

Sehr eingehend sind auch die Nachweise für zahlreiche Ortschaften des Bistums Konstanz, während die Aufzeichnungen für das Herzogtum Wirtemberg oder den linksrheinischen Teil des Erzstiftes Mainz nur die Gesamtsummen angeben. Es ist durchaus nicht zu viel gesagt, wenn Jung von einem Diözesankalender der Geistlichkeit, einem Adreßbuch der Stadt Mergentheim oder einem Studenten- und Dozentenverzeichnis der Universität Freiburg spricht. Die Tatsache, daß hier ein ganz vortreffliches, bis jetzt nur spärlich verwertetes historisch-statistisches Quellenmaterial vorliegt, das noch wenig bekannt zu sein scheint, mag ein näheres Eingehen hierauf entschuldigen. Es ist nicht ausgeschlossen, daß sich im Laufe der Zeit außer den Mecklenburger und Frankfurter Listen auch solche noch anderwärts auffinden lassen.

In den bis jetzt genannten Registern besitzen wir also Quellen, welche für einzelne Städte oder größere Gebiete eine einmalige Beobachtung der Bevölkerung, also Querschnitte zu bestimmten Zeitpunkten ermöglichen. In der neuesten Zeit wird man immer mehr aufmerksam auf eine Quellengruppe, welche etwa vom zweiten Viertel des 16. Jahrhunderts ab nicht nur den Stand, sondern auch die Bewegung der Bevölkerung erkennen läßt, nämlich die Kirchenbücher.

Die Sitte der christlichen Kirche, über gewisse Amtshandlungen (Taufen, Trauungen, Beerdigungen) Register zu führen, reicht bis in die Zeiten des frühen Mittelalters zurück.[1]) Eine

[1]) Einen vortrefflichen Überblick über die Geschichte der Kirchenbuchführung gibt Jacobs im Korr.-Bl. 1902 Sp. 44 ff., worauf hier auch für das Folgende verwiesen wird. Die besten Teile dieses Aufsatzes hat Heydenreich in seiner „Quellenkunde der Familiengeschichte" (1909) verwertet und zwar in einer Weise, die von einem Plagiat nicht sehr weit entfernt ist.

regelrechte Kirchenbuchführung beginnt jedoch erst seit den 20er Jahren des 16. Jahrhunderts unter dem Einfluß der Reformation und bezweckte hauptsächlich, das Bekenntnis zu einer bestimmten Religionsgemeinschaft einwandfrei nachzuweisen. Die Einrichtung der Kirchenbücher gewann seit dem Jahre 1522 rasche Verbreitung, und man kann sie nach Jacobs verfolgen in dem breiten Landstreifen, welcher von den Schweizer Alpen nach dem Norden über Elsaß, Nassau, Schwaben, Mainfranken nach den sächsischen Landen, Nordböhmen und Schlesien zieht. Besonders weit reichen daher die Kirchenbücher in den Ländern zurück, welche schon frühzeitig die Reformation eingeführt haben,[1]) denn fast sämtliche reformatorischen Kirchenordnungen seit 1533 verpflichten die Geistlichen zur Führung von kirchlichen Registern. Für die katholische Kirche wurde die Einführung eigentlicher Kirchenbücher erst durch das Konzil von Trient (1563) angeordnet; die Vorschrift ist jedoch im Anfang wenig befolgt worden, und ihre Durchführung in den deutschen Bistümern hat etwa ein halbes Jahrhundert in Anspruch genommen. In England und Frankreich hat die Staatsregierung, unabhängig von den kirchlichen Vorschriften, in den Jahren 1538 bezw. 1539 die Führung von Tauf-, Trauungs- und Begräbnisregistern in allen Pfarreien angeordnet, und aus dem Jahre 1538 sind heute noch 812 englische Kirchenbücher erhalten.[2])

Das Verdienst, den hohen Wert der kirchlichen Register für die historische Bevölkerungstatistik voll erkannt zu haben, gebührt neben Jastrow, der mindestens eine vollständige Inventarisierung dieser Quellen forderte, besonders Inama-Sternegg.[3]) Dieser gab im Jahre 1886 die Anregung zu einer von der k. k. Statistischen Zentralkommission ausgeführten Erhebung, welche die Feststellung aller in ganz Österreich erhaltenen kirchlichen Standesregister bezweckte und gleichzeitig deren Zustand und Alter ermittelte. In der Einleitung zu dem Bericht über die vorläufigen Ergebnisse dieser Erhebung[4]) hat Inama-Sternegg sehr treffend

---

[1]) Also besonders in Sachsen, wo sich für Zwickau schon Kirchenbücher aus dem Jahre 1522 nachweisen lassen. Vgl. Blanckmeister, Korr.-Bl. 1901 Sp. 1.

[2]) Über die Einführung der Standesregister in den einzelnen Kulturstaaten vgl. die Übersicht bei Ferd. Schmid, Statistische Monatsschr. Bd. 15 (1889) S. 404 ff.

[3]) Statist. Monatsschr. Bd. 12 (1886) S. 402/03, 406.

[4]) Desgl. Bd. 15 (1889) S. 400 ff.

ausgeführt, daß die Probleme der Bevölkerungstatistik in räumlicher Begrenzung bei zeitlicher Ausdehnung der Beobachtung weit erfolgreicher zu lösen sind, als umgekehrt bei Verwendung des massenhaften Materials großer Gebiete mit zeitlicher Beschränkung. Statt der so sehr überschätzten Zahlenbilder ganzer Staaten, deren naiv bewunderte Regelmäßigkeiten sich nur durch Verwischung aller Einzelheiten erklären ließen, befürwortet er, an Hand dieser Register von einer Auswahl besonders geeigneter Orte die Bevölkerungsbewegung für den Zeitraum von 3—400 Jahren zu verfolgen, wobei auch die besonderen lokalen Einflüsse gebührend untersucht werden könnten. Diese vortrefflichen Worte verdienen umsomehr hervorgehoben zu werden, als der erwähnte Aufsatz heute fast vergessen zu sein scheint. Wenigstens habe ich ihn gerade in den Untersuchungen vermißt, welche sich neuerdings mit der Verarbeitung dieses Materials beschäftigen und den Wert der Kirchenbücher sehr hoch einschätzen.

Diese in Österreich durchgeführte statistische Erhebung hätte auch in Deutschland Nachahmung verdient, um die für ganz Deutschland noch heute vorhandenen Quellen festzustellen und die wissenschaftlichen Interessenten auf dieses unerschöpflich reichhaltige Material aufmerksam zu machen. Zwar sind für einzelne Gebiete schon Erhebungen dieser Art mit großem Erfolg vorgenommen worden, so z. B. in mustergültiger Weise für die evangelischen Kirchenbücher des Regierungsbezirkes Wiesbaden,[1]) und für zahlreiche Länder und Provinzen Deutschlands sind Übersichten über den Bestand der Kirchenbücher veröffentlicht worden.[2]) Die Anregung zu diesen Veröffentlichungen ging seinerzeit von dem Gesamtverein der deutschen Geschichts- und Altertumsvereine aus, welcher auf Betreiben des Pfarrers Gmelin seit etwa zwei Jahrzehnten das Interesse auf den hohen Quellenwert dieser Register gelenkt hat.[3]) Wenngleich von privater Seite sowie durch die

---

[1]) K. Spieß, Die evangelischen Kirchenbücher des Regierungsbezirks Wiesbaden, Annalen des Ver. f. Nassauische Altert.-Kunde und Geschichtsf. Bd. 39 (1909) S 1ff.; vgl. insbes. den Fragebogen S. 1 u. 2 sowie die Tabelle S. 34ff.

[2]) vgl. Blanckmeister, Die Kirchenbücher im Königreich Sachsen (= Beiträge zur Sächsischen Kirchengeschichte Heft 15) S. 27ff.

[3]) vgl. Gmelin, Die Verwertung der Kirchenbücher, Deutsche Gesch.-Bl. Bd. 1 (1900) Sp. 157ff. (Sp. 165ff. über die Ausbeutung zu statistischen Zwecken), ferner Korr.-Bl. 1897 Sp. 15ff., 1908 Sp. 61ff.

Tätigkeit der lokalen Geschichtsvereine und historischen Kommissionen ein großer Teil der Kirchenbücher in Deutschland bereits inventarisiert worden ist,[1]) so würde sich noch heute eine zentralstatistische Erhebung über ganz Deutschland lohnen. Sie wäre schon deshalb zu empfehlen, weil durch eine von behördlicher Seite vorgenommene Verzeichnung der Bestände die amtierenden Pfarrer, welchen diese Schätze anvertraut sind, bezüglich der Instandhaltung, feuersicheren Verwahrung u. dgl. mehr kontrolliert werden könnten, als dies jetzt möglich ist.

Es ist bekannt, daß schon Graunt und Süßmilch die kirchlichen Register mit großem Erfolg zu bevölkerungsstatistischen Zwecken verwertet haben. Bis vor zwei Jahrzehnten etwa wurde jedoch den Kirchenbüchern als Quelle für die historische Statistik wenig Bedeutung beigemessen, und die Anregungen Inama-Sterneggs sind im allgemeinen nicht auf fruchtbaren Boden gefallen. Erst jetzt beginnt man mit der praktischen Ausbeute, und die bis jetzt vorliegenden Arbeiten haben die großen Erwartungen, die man an eine Verwertung dieses Materials geknüpft hatte, vollauf gerechtfertigt.

Hinsichtlich der Methode, die Kirchenbücher für die historische Bevölkerungstatistik nutzbar zu machen, sind insbesondere zwei Arbeiten von großer Bedeutung. Die eine stammt von Roller und untersucht die Bevölkerung der Stadt Durlach im 18. Jahrhundert,[2]) und die andere ist eine Studie von Gmelin über die Bevölkerungsbewegung der Stadt Hall i. W. nebst einer Anzahl der umliegenden Landgemeinden von der Mitte des 16. bis gegen Ende des 19. Jahrhunderts.[3])

Die von Roller angewendete Methode wird von ihm als die genealogische bezeichnet. Sie besteht darin, daß alle Einträge aus den Kirchenbüchern auf einzelne Blättchen geschrieben werden,

---

[1]) vgl. Krieg, Inventarisierung der Kirchenbücher, Korr.-Bl. 1907 Sp. 192 ff; Gmelin, Korr.-Bl. 1908 Sp. 61.

[2]) Otto Konrad Roller, Die Einwohnerzahl der Stadt Durlach im 18. Jahrhundert in ihren wirtschafts- und kulturgeschichtlichen Verhältnissen dargestellt aus ihren Stammtafeln, Karlsruhe 1907.

[3]) Julius Gmelin, Bevölkerungsbewegung im Hallischen seit Mitte des 16. Jahrhunderts, Allgemeines Stat. Archiv, hsg. v. G. v. Mayr, Bd. 6, 1. Halbb. (1902) S. 240—283. Vgl. dazu dessen Aufsatz, Die Verwertung der Kirchenbücher, in Deutschen Gesch.-Bl. Bd. 1 (1900) S. 157—170.

wobei die festzustellenden Merkmale bezüglich der Geburt, des Todes, der Heirat, Patenschaft u. dgl. beizufügen sind. Nach alphabetischer Ordnung werden mit Hilfe dieser Blättchen Stammtafeln hergestellt, aus welchen dann Listen sämtlicher während des zu untersuchenden Zeitraumes nachweisbarer Personen gewonnen werden können.

Diese Methode ermöglicht also, auf Grund der Tauf-, Trauungs- und Sterberegister den Stand der Bevölkerung für jedes einzelne Jahr, ihre Einteilung in Altersgruppen, sowie ihre Gliederung nach Geschlecht, Familienstand und Beruf zu ermitteln. Ganz besonders wertvoll ist, daß auch die Bevölkerungsbewegung, sogar die Zu- und Abwanderung erfaßt werden kann, wobei Roller von der Fiktion ausgeht, daß die Geborenen, für die kein Sterbeeintrag vorliegt, abgewandert und die Verstorbenen, für welche kein Geburteintrag zu ermitteln ist, zugewandert seien. Die Zugewanderten tauchten teils als Paten bei Kindtaufen, teils in anderen Registern (Steuerbüchern u. dgl.) wieder auf, sodaß sich auch für ihre Feststellung zahlreiche Anhaltpunkte ergaben. Es liegt in der Natur der Sache, daß den ziffernmäßigen Ergebnissen kein Anspruch auf absolute Genauigkeit zukommt, und daß sie wohl mehr als Wahrscheinlichkeitziffern aufgefaßt werden müssen. Allerdings ist es für die Sorgfalt der Arbeitweise von Roller, sehr bemerkenswert, daß die aus amtlichen Zählungen festgestellten Ergebnisse der Jahre 1755, 1787 u. 1800 an Genauigkeit von den aus den Kirchenbüchern gewonnenen Zahlen erheblich übertroffen wurden.[1]) Die von Roller erzielten Ergebnisse sind in mancher Hinsicht überraschend, und man darf von einem weiteren Ausbau und einer Verfeinerung dieser Methode für die Zukunft nur das Beste erwarten.

Wesentlich verschieden von der hier beschriebenen Methode ist das Verfahren, das Gmelin zur Erforschung der Bevölkerungsbewegung „im Hällischen" angewendet hat. Er untersucht die Bevölkerungsvorgänge von 17 Gemeinden für die Zeit von der Mitte des 16. Jahrhunderts bis zur Gegenwart, also etwa 350 Jahre, und kommt zu dem unerwarteten Ergebnis, daß die Bevölkerung der Jahre 1690 und 1790 in allen Orten gegenüber den für das Jahr 1590 ermittelten Zahlen ein Minus aufweist.

Gmelin ist nicht von der faktischen Bevölkerung aus-

---

[1]) vgl. Roller a. a. O. S. 186.

gegangen, da nach seiner Meinung im vorliegenden Falle ein einheitlicher Maßstab gefehlt hätte, um die Bevölkerungsbewegung für Stadt und Land zu vergleichen. Er wählt statt dessen die sogen. virtuelle Bevölkerung, d. h. die Summe der Lebendgeborenen aus den letzten 30, dem Untersuchungsjahr vorhergehenden Jahren und findet für diese Annahme eine Bestätigung in der modernen Bevölkerungstatistik der in Betracht kommenden Gemeinden. Für die Stadt Hall allein würden allerdings nach den Zählergebnissen des Jahres 1890 nicht 30, sondern etwa 36 vorausgehende Jahre zur Ermittlung dieser virtuellen Bevölkerungsziffer nötig sein, allein wenn man Stadt- und Landgemeinden zusammennimmt, genügen nach Feststellung Gmelins auch hier 30 Jahre.

Damit gibt aber eigentlich Gmelin schon zu, daß seine Berechnungen auf einer schwankenden Grundlage aufgebaut sind. Mit dieser virtuellen Bevölkerungziffer trägt er in seine Statistik der Bevölkerungsbewegung doch einen Faktor hinein, dessen Unsicherheit er wahrscheinlich bedeutend unterschätzt. Er geht eben von einer Voraussetzung aus, welche die historische Bevölkerungstatistik erst beweisen soll. Diese Geburtsjahrenziffer, wie man sie vielleicht nennen kann und die von Gmelin einfach mit 30 angenommen ist, hängt doch in erster Linie von der Geburtenhäufigkeit ab und diese selbst ist wieder abhängig vom Altersaufbau der Bevölkerung. Zweifellos ist bei einer Bevölkerung, deren höhere Altersklassen stärker besetzt sind als die niedrigeren, die Zeugungsfähigkeit bezw. Gebärfähigkeit eine viel geringere, als wenn die mittleren Altersschichten häufiger vertreten sind. Dadurch aber ist die prozentuale Häufigkeit der Geburten eine geringere und die Geburtsjahrenziffer entsprechend höher. Berücksichtigt man nun, wie der Einfluß verheerender Kriege, Auswanderungen, Pestepidemien u. dgl. noch viele Jahrzehnte im veränderten Altersaufbau der Bevölkerung nachzuweisen ist, so ergibt sich, daß die Fehlerquelle dieses Faktors sehr erheblich sein kann.

Daher wäre es empfehlenswert, gerade den umgekehrten Weg einzuschlagen, nämlich in ähnlicher Weise, wie das Roller getan hat, zuerst den Stand der Bevölkerung für jedes Jahr zu ermitteln. Dann läßt sich durch Verwertung der Taufregister die Anzahl der Lebendgeborenen einer gewissen Anzahl vorausgegangener Jahre in Beziehung setzen zu der im Untersuchungsjahr wirklich festgestellten Bevölkerungszahl. Die Ermittlung der faktischen Bevölkerung ist überhaupt die erste Aufgabe jeder bevölkerungsstatistischen Untersuchung, da sie die Grundlage bildet für alle Feststellungen der Bewegung der Bevölkerung.

Wenngleich vom Standpunkt der statistischen Methode und Technik noch manche Einwendung gegen die Arbeit von Gmelin erhoben werden können, so bilden seine mühevollen und zeitraubenden Untersuchungen methodisch immerhin einen großen Fortschritt und eröffnen hoffnungsvolle Ausblicke auf die Zukunft. Sie zeigen, daß wir exaktes statistisches Material besitzen, um für viele Orte die Bewegung der Bevölkerung früherer Jahrhunderte zu ermitteln. Mit Hilfe der Kirchenbücher ist die Wirkung der Pestjahre, Hungerjahre, des 30jährigen Kriegs usw. auf die Volkszahl festzustellen, für welche wir bis jetzt größtenteils noch auf abenteuerliche Schätzungen und mehr oder weniger phantastische chronikalische Mitteilungen angewiesen sind. Insbesondere werden wir auch in der Lage sein, die Frage des Geschlechtsverhältnisses der Geborenen, der Kindersterblichkeit, des Altersaufbaus der Bevölkerung, der Legitimität und manches andere lehrreiche bevölkerungsstatistische Problem mehrere Jahrhunderte weit zurückverfolgen. Für zahlreiche Orte ließe sich wohl auch eine genaue Absterbeordnung früherer Jahrhunderte aufstellen.

In manchen Städten hat das Interesse, die jährliche Bevölkerungsbewegung nach den Eintragungen der kirchlichen Register kennen zu lernen, schon verhältnismäßig früh zur Aufstellung statistischer Tabellen geführt, welche durch den Druck bekanntgemacht wurden. Solche für die Zeit ihrer Entstehung bereits ziemlich ausführliche Nachweisungen besitzen wir für Frankfurt a. M. seit dem Jahre 1635, dem berüchtigten Pestjahr, und es kann keinem Zweifel unterliegen, daß diese Seuche den ersten Anstoß zum Druck dieser tabellarischen Übersichten in Frankfurt a. M. gegeben hat.[1])

Neben diesem bis jetzt erwähnten Quellenmaterial für die Erkenntnis der Bevölkerung früherer Jahrhunderte kommt noch zahlreiches von amtlichen Volkszählungen herrührendes archivalisches Material in Betracht, das noch nicht veröffentlicht ist.[2]) So besitzt

---

[1]) Handschriftliche Tabellen dieser Art weisen die Kirchenbücher schon lange vorher auf. Die von 1635 bis zur Gegenwart lückenlos erhaltenen gedruckten Jahrestabellen sind in einem Sammelband vereinigt, der sich im Besitz der Frankfurter Stadtbibliothek befindet.

[2]) Ausführliche geschichtliche Nachrichten über die Volkszählungen der

z. B. das Amorbacher Archiv reiche Bestände an älterem Zählmaterial seit der zweiten Hälfte des 17. Jahrhunderts, welches in kurpfälzischen, kurmainzischen und würzburgischen Amtsrechnungen enthalten ist.[1]) Besonderes Interesse verdienen die für Amorbach 1649, für Miltenberg 1655 angelegten Register, welche nach Beendigung des 30jährigen Krieges die vorhandenen Haushaltungen nachweisen sollten, um die Maßnahmen für Neubesiedelung, Steuererhebung und militärische Dienstleistungen vorzubereiten.

Sehr reichhaltiges Volkszählungsmaterial ist dann aus dem 18. Jahrhundert vorhanden, da von jetzt ab amtliche Erhebungen über die Bevölkerung ziemlich allgemein geworden sind. So besitzen wir für Brandenburg-Preußen zahlreiche Nachweise dieser Art in dem Buch von Otto Behre über die Geschichte der Statistik in Brandenburg-Preußen,[2]) und für die erste kurbayrische Volkszählung von 1771 bis 1781, welche durch eine gewaltige Preissteigerung veranlaßt war, ist sehr wertvolles Material vorhanden, das in einer Arbeit von Schorer[3]) eingehend beschrieben wird. Über die Ergebnisse der österreichischen amtlichen Zählungen berichtet Gürtler in einer Spezialstudie,[4]) welche zwar nur die Endergebnisse der Zählungen seit 1754 wiedergibt, aber dennoch eine Vorstellung von der großen Reichhaltigkeit des Quellenmaterials ermöglicht.

Die historische Bevölkerungsstatistik hat also ein weit ausgedehntes Feld der Betätigung vor sich. Allem Anschein nach ist ihr für Massenbeobachtung auf breiterer Grundlage die Zeit des frühen Mittelalters auf immer verschlossen,[5]) und die mühe-

---

deutschen Einzelstaaten finden sich in „Die Volkszahl der deutschen Staaten nach den Zählungen seit 1816“, Statistik des Deutschen Reiches Bd. 37,2, 1879.

[1]) vgl. Krebs, Altes und neues Volkszählungsmaterial im Amorbacher Archiv, Korr.-Bl. 1909 Sp. 125ff.

[2]) Otto Behre, Geschichte der Statistik in Brandenburg-Preußen bis zur Gründung des Kgl. Statistischen Bureaus, 1905.

[3]) Hans Schorer, Die Vornahme der kurbayrischen Volkszählung von 1771 bis 1781, Archival. Zeitschr. N. F. Bd. 11 (1904) S. 157ff.

[4]) Alfred Gürtler, Die Volkszählungen Maria Theresias und Josefs II. (1753—1790), Insbruck 1909. (Vgl. besonders die Tabellen im Anhang.)

[5]) Für die Statistik der Bevölkerung Englands seit dem 11. Jahrhundert bieten die Stiftslisten und kirchlichen Eingangsverzeichnisse über die Erhebung des Peterspfennigs wichtige Anhaltpunkte. Vgl. O. Jensen, Der englische Peterspfennig und die Lehenssteuer aus England und Irland an den Papststuhl

vollen Untersuchungen von Lamprecht[1]) und Caro[2]) haben die Hoffnungslosigkeit gezeigt, auf Grund des unzulänglichen Quellenmaterials einigermaßen sichere Ergebnisse zu erzielen. Dagegen steht ihr für das ausgehende Mittelalter und besonders vom ersten Viertel des 16. Jahrhunderts ab ein Material zur Verfügung, dessen systematische Ausbeute zu den größten Hoffnungen berechtigt. Von allen Zweigen der Statistik ist heute die Bevölkerungsstatistik methodisch und technisch am feinsten durchgebildet; sie liefert dank der vortrefflichen Organisation der standesamtlichen Registerführung gesicherte Ergebnisse wie vielleicht kein anderer Zweig der statistischen Wissenschaft.

Freilich erklärt sich der bedeutende methodische Fortschritt auf diesem Gebiete und die Erfassung aller der feinen Nuancen teilweise dadurch, daß sich die moderne Statistik ihre Quellen selbst schaffen kann; sie braucht nur hinsichtlich der Organisation und Technik der amtlichen Statistik die nötigen Änderungen herbeizuführen. Die historische Statistik dagegen muß sich stets mit den vorgefundenen Quellen begnügen; der Bereich ihres Forschungsgebietes findet stets in den überlieferten Tatsachen und ihrer möglichen Kombination seine Grenze, er läßt sich nicht, wie bei der modernen Bevölkerungsstatistik, nach Wunsch ausdehnen.

Für historische Zeiten wird also die Bevölkerungswissenschaft bei ihren Untersuchungen nicht annähernd die Vielseitigkeit und die Exaktheit erreichen können wie für die Gegenwart, schon aus dem Grunde nicht, weil sich in der chronologischen Reihe der Register oft große Lücken befinden und zahlreiche von ihnen durch Krieg, Brand, Verschleppung und Verwahrlosung für immer vernichtet sind. Aber noch ist so überreiches Material vorhanden, daß viele Generationen an seiner Verwertung zu arbeiten haben.

---

im Mittelalter, Heidelberg 1903. Natürlich kommt hier auch das an anderer Stelle (S. 51) erwähnte Domesday-book als Quelle für das ausgehende 11. Jahrhundert in Betracht.

[1]) Deutsches Wirtschaftsleben im Mittelalter Bd. 1 S. 161 ff., Bd. 2 S. 17 ff.

[2]) G. Caro, Jahrb. f. Schweizer Geschichte Bd. 27 S. 187, besonders auch: Zur Bevölkerungstatistik der Karolingerzeit, Deutsche Gesch.-Bl. Bd. 5 (1904) S. 195 ff.

III. Münz- und Geldgeschichte.

Von allen Zweigen der wirtschaftsgeschichtlichen Forschung ist wohl die Geldgeschichte heute noch am wenigsten ausgebaut. Das ist um so mehr zu bedauern, als gerade sie die unentbehrliche Voraussetzung und Grundlage für eindringende wirtschaftsgeschichtliche Studien bildet. Jeder, der Wirtschaftsgeschichte betreibt, wird — ob er nun lokal vorgeht oder Vorgänge in größeren Gebieten untersucht — auf Fragen der Münz- und Geldgeschichte stoßen, die ihn nicht selten zu sehr zeitraubenden Spezialstudien zwingen. Den Untersuchungen über die Steuer- und Finanzgeschichte, die Geschichte der Preise und Löhne, der Lebenshaltung usw. fehlt die sichere Grundlage, falls sie sich nicht auf eine Münz- und Geldgeschichte des zu untersuchenden Gebietes stützen können.

Diese Vernachlässigung geldgeschichtlicher Studien erklärt sich zum großen Teil aus den fast unüberwindlichen Schwierigkeiten, welche sich dem Bearbeiter entgegenstellen, insbesondere aus der Notwendigkeit, die grundlegenden numismatischen Vorarbeiten zu liefern. Die primären Quellen insbesondere für eine Kenntnis der alten und frühmittelalterlichen Geldgeschichte sind die Münzen, welche teils durch systematische Ausgrabungen, teils durch Zufallsfunde in großen Mengen zutage gefördert werden. Dank des unermüdlichen privaten Sammlerfleißes und der Aufmerksamkeit, welche man diesen Denkmälern seitens unserer öffentlichen Museen durch Gründung eigener Münzkabinette schenkt, sind wir im Besitz eines gewaltigen Materials.

Die erste Voraussetzung zur Erforschung der älteren Geldgeschichte, für die uns schriftliche Aufzeichnungen meistens fehlen, ist eine genaue Beschreibung der Münzen, welche insbesondere das Gewicht und den Feingehalt, den Münzberechtigten und die Münzstätte feststellen. Vereinzelt waren bereits im 16. Jahrhundert Neigungen vorhanden zur Sammlung und Beschreibung von Münzen, aber erst das 18. Jahrhundert hat eine reiche numismatische Literatur aufzuweisen.[1]) Aus dieser Fülle von Münzbeschreibungen

---

[1]) Einen Überblick über die Literaturgeschichte der Numismatik gibt Luschin v. Ebengreuth in seiner „Allgemeinen Münzkunde und Geldgeschichte des Mittelalters und der neueren Zeit“ (= Handb. der mittleren und neueren Geschichte, hrsg. von v. Below u. Meinecke, Bd. 5) 1904, S. 6ff.

ragen jedoch nur wenige hervor, welche über das Interesse eines Sammlers und Liebhabers hinausgehen und durch kritische Behandlung numismatischer Fragen wissenschaftlichen Wert besitzen. Einer dieser wenigen ist vor allem Eckhel, welcher durch seine „Doctrina nummorum veterum“ (Wien 1792 ff.) für die antike Numismatik eine wissenschaftliche Grundlage schuf, und Mader, welcher in seinen „Kritischen Beiträgen zur Münzkunde des Mittelalters“ vorbildliches geschaffen hat.

Die wissenschaftliche und kritische Numismatik hat nun im 19. Jahrhundert erhebliche Fortschritte gemacht und zum Teil vortreffliches geleistet. Eine Reihe hervorragender Einzelforscher haben sich durch die Methode, die gefundenen Münzen zu bestimmen und zu beschreiben, bleibende Verdienste erworben, insbesondere sind hier die Namen Grote, Dannenberg, Menadier, v. Höfken unter vielen anderen zu nennen.[1]) Durch das Handbuch von Luschin sind wir jetzt in der Lage, auch die überall zerstreuten numismatischen Einzelforschungen (es bestehen allein gegen 100 Zeitschriften) einigermaßen zu übersehen, sodaß auch der Nichtnumismatiker sich ohne allzu große Mühe zurechtfinden kann.

In viel weniger glücklicher Lage als die Numismatik befindet sich die Geldgeschichte. Weder sind bei ihr die Methoden so ausgebildet, noch verfügt sie über eine so reichhaltige Literatur, ja es ist noch nicht einmal ihr Forschungsgebiet in wünschenswerter Weise abgegrenzt. Die Wirtschaftshistoriker haben sich bisher leider viel zu wenig um die Ergebnisse der münzkundlichen Forschungen gekümmert und sind meist ihre eigenen Wege gegangen, da sie herkömmlich in schriftlichen Aufzeichnungen die einzige Quelle der Geldgeschichte erblicken. So erklärt sich der unbefriedigende Zustand unserer geldgeschichtlichen Literatur hauptsächlich daraus, daß nur wenige Gelehrte die numismatischen Kenntnisse mit dem Rüstzeug des in Verfassungs- und Wirtschaftsgeschichte geschulten Historikers vereinigen.[2]) Die Münzkunde und Geldgeschichte sind gar nicht voneinander zu trennen, und die

---

[1]) Eine gutgewählte Zusammenstellung der wichtigsten numismatischen Arbeiten gibt E. Bernheim, Lehrbuch der historischen Methode und der Geschichtsphilosophie 5. Aufl. (1908) S. 308/09.

[2]) Darauf hat gelegentlich schon Grote und nach ihm besonders treffend Wuttke (Numismatische Zeitschr. 1897 Bd. 29 S. 238 ff.) hingewiesen. Vgl. auch die Bemerkungen bei Luschin a. a. O. S. 133.

letztere kann nur durch eine fruchtbare Verbindung dieser beiden Zweige der Geschichtswissenschaft auf eine sichere Grundlage gestellt werden. Erfreulicherweise beginnt in neuester Zeit sich in dieser Beziehung ein größeres Verständnis anzubahnen, allein es wird noch eine geraume Zeit dauern, bis diese Erkenntnis allgemein durchgedrungen sein wird. Jedenfalls ist gegenwärtig die Zahl der Forscher, welche in gleicher Weise beide Gebiete ausreichend beherrschen, noch sehr gering. Besondere Erwähnung verdienen vor allem Luschin v. Ebengreuth, der hervorragende Kenner der österreichischen Geldgeschichte, v. Schrötter, der sich durch Erforschung des neueren preußischen Münz- und Geldwesens verdient machte, und Julius Cahn, dessen Arbeiten über die Straßburger Geldgeschichte, den Rappenmünzbund und neuerdings die Geldgeschichte des Bodenseegebiets in vieler Beziehung vorbildlich zu nennen sind.

Die Ergebnisse der geldgeschichtlichen Forschung werden also ganz wesentlich davon abhängen, wie sehr der Wirtschaftshistoriker in die von numismatischer Seite geleisteten Vorarbeiten einzudringen vermag. Es muß also das mehr zufällige Moment einer Vereinigung numismatischer und wirtschaftsgeschichtlicher Kenntnis beseitigt und der wissenschaftlich zu betreibenden Münzkunde an den Universitäten eine bleibende Stätte eingeräumt werden. Dem Wirtschaftshistoriker ist es meist unmöglich, sich während seiner akademischen Studien selbst über elementare Fragen der Numismatik zu unterrichten, denn nur an wenigen Universitäten werden ab und zu Vorlesungen über die Münzkunde des Altertums (Berlin, Jena, Bonn, Erlangen, Wien) und über mittelalterliches Münzwesen (Graz, Prag, Straßburg, Wien) gehalten. Als regelrechte Hilfswissenschaft der Geschichte ist die Numismatik noch nicht anerkannt, sie wird eben noch immer zu sehr als Tummelplatz mehr oder weniger gelehrter Dilettanten angesehen. Mit Recht hat man daher neuerdings die Gründung von Lehrstühlen für Münzkunde und die Errichtung von Münzsammlungen an den Universitäten zu Studienzwecken warm befürwortet.[1])

Wenngleich die uns zur Verfügung stehenden schriftlichen

[1]) vgl. Renner, Welche Wege sind einzuschlagen zur besseren Heranbildung des jungen numismatischen Nachwuchses? Korr.-Bl. 1911 Sp. 224 ff.

Quellen für die Geldgeschichte des Altertums vergleichsweise nur spärlich fließen, so sind wir dank dem zahlreich aufgefundenen Münzmaterial und der schon frühzeitig ausgebildeten antiken Numismatik und Metrologie über diesen Zeitraum recht gut unterrichtet. Den besten zusammenfassenden Überblick über die Verhältnisse im Altertum bietet wohl Eduard Meyer, der hervorragende Kenner der alten Geschichte in seinem vortrefflichen Artikel „Orientalisches Münzwesen" im Handwörterbuch der Staatswissenschaften,[1]) welcher besonders Babylonien, Ägypten, Griechenland und das Perserreich berücksichtigt. Sehr lehrreich ist auch der an diesen Artikel anschließende Abschnitt über römisches Münzwesen von B. Pick.[2])

Was speziell die römische Münz- und Geldgeschichte betrifft, so besitzen wir das epochemachende Werk von Th. Mommsen, das heute nach einem halben Jahrhundert seines Erscheinens noch immer grundlegend ist, und aus neuerer Zeit die allerdings mit Vorsicht zu benutzende Darstellung von Babelon über die römischen und griechischen Münzen.[3]) Freilich sind die Einzelergebnisse Mommsens in vieler Beziehung überholt worden, denn ihm stand seinerzeit ein nicht annähernd so reichhaltiges Münzmaterial zur Verfügung wie den heutigen Forschern auf diesem Gebiet. So hat u. a. H. Willers auf Grund zahlreicher Wägungen der in Betracht kommenden Münzen die Resultate Mommsens vielfach berichtigen können.[4]) Seine Schilderung der römischen Kupferprägung vom Bundesgenossenkrieg bis auf Kaiser Claudius bietet gerade geldgeschichtlich sehr viel, da zugleich eine Übersicht über das vorrömische Münzwesen in großen Zügen gegeben wird.

Eine geradezu hervorragende Neuerscheinung auf diesem Gebiet ist das kürzlich von J. Haeberlin veröffentlichte Werk über das römische und mittelitalische Schwergeld.[5]) Unermüdlicher Sammlerfleiß und tiefgründige Gelehrsamkeit haben hier zusammengewirkt, um in gänzlich dunkle Gebiete Licht zu bringen,

---

[1]) 3. Aufl. (1911) Bd. 6 S. 824—832.

[2]) Ebenda S. 832—839.

[3]) E. Babelon, Traité des monnaies grècques et romaines (1901).

[4]) Heinrich Willers, Geschichte der römischen Kupferprägung vom Bundesgenossenkrieg bis auf Kaiser Claudius, Leipzig und Berlin 1909.

[5]) E. J. Haeberlin, Aes grave, das Schwergeld Roms und Mittelitaliens einschließlich der ihm vorausgehenden Rohbronzewährung, Frankfurt a. M. 1910.

und namentlich in der Bestimmung des (aufschriftlosen) Schwergeldes ist hier Vortreffliches geleistet worden. Die Forschungen von Haeberlin weisen u. a. nach, daß Rom auch in früheren Zeiträumen im Geldwesen eine führende, bisher kaum geahnte Rolle spielte, daß nicht eine, sondern zwei Hauptmünzstätten für römisches Staatsgeld bestanden, nämlich in der Hauptstadt und in Capua.[1]) Während Mommsen seine Feststellungen über die Münzgewichte zum größten Teil der Literatur entnahm, hat Haeberlin die Wägung von etwa 13000 Originalmünzen vorgenommen und dadurch ein so umfangreiches Material beigebracht, daß fast von jeder Schwergeldsorte das Durchschnittsgewicht mit hinreichender Sicherheit ermittelt werden konnte. Seine Forschungen sind also für die Aufhellung des römischen Münzwesens und insbesondere die Metrologie des Altertums bahnbrechend, da seine Gewichtsbestimmungen ermöglichen, das zu den Münzen gehörige Gewichts- bezw. Währungssystem aufzufinden. Ein besonderes Verdienst von Haeberlin ist es, für das Schwergeld der Nord- und Ostregion den Zusammenhang mit dem babylonischen und phönizischen Gewichtsystem in einwandfreier Weise festgestellt zu haben.

Im Verhältnis zum Umfang der zu lösenden Aufgaben sind wir für die Münz- und Geldgeschichte des früheren Mittelalters viel weniger eingehend unterrichtet, insbesondere soweit die deutschen Verhältnisse in Betracht kommen. Als verdienstvolle Beiträge zur deutschen Geldgeschichte sind bekannt geworden die Arbeiten von Soetbeer über die karolingische Geldgeschichte,[2]) die Forschungen von Hanauer[3]) über das elsässische Münz- und Geldwesen, die Münzstudien von Grote,[4]) die Untersuchungen von Eheberg über das ältere deutsche Münzwesen,[5]) die eingehenden Forschungen von Lamprecht,[6]) die kölnische Geldgeschichte bis 1386 von

---

[1]) vgl. auch Haeberlin, Berliner Münzblätter Bd. 2 (1904) S. 107ff.

[2]) Soetbeer, Beiträge zur Geschichte des Geld- und Münzwesens in Deutschland (Forschungen zur deutschen Geschichte Bd. 1, 2, 4, 6), Göttingen 1862ff.

[3]) Hanauer, Études économiques sur l'Alsace ancienne et moderne (1876). Bd. 1: Les monnaies.

[4]) H. Grote, Münzstudien, 4 Bde., Leipzig 1854—1866.

[5]) Th. Eheberg, Über das ältere deutsche Münzwesen und die Hausgenossen, besonders in volkswirtschaftlicher Beziehung (= Staats- und sozialw. Forschungen, herausgegeben von Schmoller Bd. 2 Heft 5) 1879.

[6]) Lamprecht, Deutsches Wirtschaftsleben im Mittelalter (1886) Bd. 2 S. 424ff.

Kruse[1]) und die zusammenfassende Darstellung von Inama-Sternegg in seiner deutschen Wirtschaftsgeschichte.[2])

Dagegen ist das ausgezeichnete, für die ältere deutsche Münz- und Geldgeschichte geradezu grundlegende Buch von Johann Heinrich Müller,[3]) dem ehemaligen Konservator am Germanischen Museum, keineswegs nach Verdienst gewürdigt. Leider ist von dem auf drei Bände berechneten Werk nur der erste erschienen, welcher bis zu den Ottonen reicht, also mit dem Zeitpunkt abschließt, seit welchem sich das deutsche Münzwesen selbständig entwickelte. Müller hat als einer der ersten die Unzulänglichkeit der rein münzbeschreibenden Forschung eingesehen und eine Verwertung der numismatischen Einzelergebnisse für die deutsche Geldgeschichte gefordert. Erst die Münzbeschreibung in Verbindung mit einer Verarbeitung des urkundlichen Materials, der Feststellung des Wertverhältnisses der Edelmetalle u. dgl. kann nach Müller in richtiger Weise den Gang der Entwicklung aufklären. Wenngleich seit dem Erscheinen dieses Buches ein halbes Jahrhundert verflossen ist, kann es m. E. noch heute als die gründlichste und eindringendste Darstellung des ältesten deutschen Münz- und Geldwesens bezeichnet werden.

Große Beachtung verdienen vor allem auch die erwähnten Arbeiten von Julius Cahn, bei welchem durchgängig eine Beherrschung der numismatischen Einzelheiten mit geldgeschichtlicher Durchdringung des Stoffes in glücklicher Weise vereinigt ist. Insbesondere die Arbeit über den Rappenmünzbund[4]) ist ein wertvoller Beitrag zur deutschen Geldgeschichte des Mittelalters. Sie bildet die sichere Grundlage für die ausgezeichnete Darstellung von Harms über die Münz- und Geldpolitik der Stadt Basel,[5]) welche

---

[1]) Kruse, Kölnische Geldgeschichte bis 1386 nebst Beiträgen zur Kurrheinischen Geldgeschichte bis zum Ende des Mittelalters (= Erg.-Heft der Westd. Zeitschr. für Geschichte und Kunst) 1888.

[2]) Bd. 3, 2 S. 363 ff. Vgl. auch seinen Aufsatz: Die Goldwährung im Deutschen Reiche während des Mittelalters, Zeitschrift für Sozial- und Wirtschaftsgeschichte Bd. 3 (1893).

[3]) Joh. Heinr. Müller, Deutsche Münzgeschichte bis zur Ottonenzeit, Leipzig 1860.

[4]) Julius Cahn, Der Rappenmünzbund. Eine Studie zur Münz- und Geldgeschichte des oberen Rheintales 1901.

[5]) Bernhard Harms, Die Münz- und Geldpolitik der Stadt Basel im Mittelalter (= Erg.-Heft 23 der Zeitschr. für die ges. Staatsw.) 1907.

namentlich die volkswirtschaftlichen Momente (Wertverhältnis der Edelmetalle, Ausprägungsverhältnisse, Währungsfragen u. dgl.) in den Vordergrund rückt und mit zu dem besten gehört, was die neueste geldgeschichtliche Literatur aufzuweisen hat. In vieler Beziehung vorbildlich für geldgeschichtliche Forschungen ist die soeben erschienene neueste Arbeit von Cahn, welche es unternimmt, die badische Münz- und Geldgeschichte aufzuhellen. Der bis jetzt vorliegende erste Band behandelt Konstanz und das Bodenseegebiet im Mittelalter,[1]) weitere Bände sollen die oberrheinischen Gebiete, die Ortenau und die eigentliche Markgrafschaft beschreiben, sodaß nach Vollendung des Werkes eine bis zur Gegenwart reichende Darstellung für nahezu alle Gebiete vorliegen wird, welche das heutige Großherzogtum Baden ausmachen. Der große Vorzug von Cahns Arbeiten ist, daß der Verfasser die Münz- und Geldgeschichte im engsten Anschluß an die wirtschafts- und verfassungsgeschichtliche Entwicklung schildert und dabei die numismatischen Einzelheiten völlig beherrscht.

Einer der größten Mängel unserer geldgeschichtlichen Forschungen ist, daß wir über Fragen der Münzpolitik und Währungsfragen in der deutschen Vergangenheit nur sehr wenig unterrichtet sind. Einen lehrreichen Versuch, die Währungsverhältnisse der deutschen Geldgeschichte in ein System zu bringen, hat Karl Helfferich unternommen,[2]) der sich bekanntlich um die Erforschung des neueren deutschen Geldwesens große Verdienste erwarb. Auch Schmoller zeigt in einer vortrefflichen Skizze über die Scheidemünzpolitik die richtigen Wege zur Klarstellung der Währungsverhältnisse in der Vergangenheit.[3]) Er geht dabei aus von der für die Währungsgeschichte sehr lehrreichen Arbeit von Nagl über die Goldwährung im Mittelalter,[4]) schildert die Währungsverhältnisse

---

[1]) Julius Cahn, Münz- und Geldgeschichte von Konstanz und des Bodenseegebietes im Mittelalter bis zum Reichsmünzgesetz von 1559 (= Münz- und Geldgeschichte der im Großherzogtum Baden vereinigten Gebiete, herausgegeben von der badischen historischen Kommission, Bd. 1), Heidelberg 1911.

[2]) Karl Helfferich, Die geschichtliche Entwicklung der Münzsysteme, Jahrb. für Nat. u. Stat. 3. Folge Bd. 9 (1895) S. 801—828.

[3]) G. Schmoller, Über die Ausbildung einer richtigen Scheidemünzpolitik vom 14. bis 19. Jahrhundert, Jahrb. für Gesetzgebung, Verwaltung und Volksw. Jahrg. 1900 Heft 4.

[4]) Nagl, Die Goldwährung und die handelsmäßige Geldrechnung im Mittelalter, Wiener Numismatische Zeitschrift Bd. 26 (1894).

von Florenz und Venedig, sowie die deutschen und besonders ausführlich die preußischen münzpolitischen Bestrebungen.

Wie sehr die deutsche Geldgeschichte noch im Rückstand ist, zeigt sich daraus, daß oft über die wichtigsten Vorgänge noch keine Klarheit geschaffen ist, selbst wenn das Material an der Oberfläche liegt. So hatten wir bis vor kurzem noch keine aktenmäßige Schilderung der Vorgänge, welche zum Erlaß der Reichsmünzordnungen von 1524, 1551 und 1559 führten.[1] Jetzt hat dies F. v. Schrötter einigermaßen nachgeholt in einer soeben erschienenen Arbeit, welche die Entstehungsgeschichte dieser Gesetze in großen Zügen wiedergibt. Er unternimmt es, hauptsächlich das Ringen der damals herrschenden drei großen Münzsysteme um die Vorherrschaft zu schildern: nämlich des Systems der rheinischen Goldgulden, der tirolisch-sächsischen Silbergulden und der weißen Pfennige von Augsburg und Nürnberg, den in jener Zeit bedeutendsten Handelsstädten.[2] Mit der Entwicklung des preußischen Geldwesens in der Zeit von 1525 bis 1569 beschäftigt sich eine sehr eindringende Studie von Schwinkowski,[3] die hauptsächlich auch die Technik des Münzbetriebes, Einkäufe und Preise der Edelmetalle, Münzgewichte und Recheneinheiten sowie die Münzsorten ausführlich behandelt.

Die Reichsmünzordnung von 1559 bildet in der deutschen Geldgeschichte eine wichtige Epoche, denn mit ihr beginnt die Neuzeit im Münz- und Geldwesen. Für den nun folgenden Zeitraum kennen wir nur die allerwichtigsten Vorgänge, das Gerippe der historischen Entwicklung, und es bleibt hier fast noch alles zu tun übrig. Für die Zeit bis zum Beginn des 30jährigen Krieges ist die erwähnte Darstellung von Janssen sehr zu empfehlen, und den Zustand des Geldwesens zur Zeit der Kipper und Wipper bis zu den Reformen des Jahres 1623 schilderte Opel in mustergiltiger

---

[1] Ein lehrreicher, viel zu wenig beachteter Überblick über das deutsche Geldwesen vom ausgehenden Mittelalter bis zum Beginn des 30jährigen Krieges findet sich bei J. Janssen, Geschichte des deutschen Volkes seit Ausgang des Mittelalters Bd. 8, (13. Aufl. von Pastor 1903) S. 49ff.

[2] F. v. Schrötter, Das Münzwesen des Deutschen Reiches von 1500 bis 1566, Jahrb. f. Gesetzgebung, Verwaltung und Volksw. (herausgegeben von Schmoller) 35. Jahrg. (1911) S. 1697—1740. Von der Arbeit ist bis jetzt nur der erste Teil erschienen.

[3] Walter Schwinkowski, Das Geldwesen in Preußen unter Herzog Albrecht (1525—1569), Königsberger Diss., Berlin 1909.

Weise in einem Aufsatz über „die Finanznot beim Beginn des 30 jährigen Krieges".[1]) Sehr beachtenswert ist ferner die hierher gehörige überaus gründliche Arbeit von Wuttke über die Probationsregister des sächsischen Kreises, deren Hauptwert in den mühevollen Berechnungen bei Aufstellung der Tabellen zu suchen ist.[2])

Verhältnismäßig gut sind wir dann unterrichtet über einige Zeiträume der neueren preußischen Münz- und Geldgeschichte durch die ausgedehnten Forschungen F. v. Schrötters in den Acta Borussica, die sich auf die Zeit des 18. Jahrhunderts beziehen. Seine bis jetzt vorliegenden Arbeiten behandeln die Münzverwaltung unter Friedrich I. und Friedrich Wilhelm I., die Begründung des preußischen Münzsystems durch Friedrich d. Gr. und Graumann und ferner die Zeit des siebenjährigen Krieges sowie die Münzreform nach dem Frieden.[3]) Allerdings steht bei Schrötter nicht so sehr das geldgeschichtliche als das münzgeschichtliche und technische Moment im Vordergrund, allein seine Forschungen zählen dennoch zu dem besten, was wir über die neuere deutsche Münz- und Geldgeschichte besitzen.

Wenn also auch verschiedene tüchtige Einzelarbeiten vorliegen, so ist doch der Gesamtzustand der deutschen geldgeschichtlichen Forschung ein sehr unbefriedigender. Überall dort, wo zusammenhängende Darstellungen versucht worden sind, zeigt sich, daß wir von einer deutschen Geldgeschichte noch weit entfernt sind, da Vorarbeiten gerade für die wichtigsten Landesteile noch fehlen. Leider sind auch die beiden Artikel des Handwörterbuchs der Staatswissenschaften keineswegs geeignet, einen richtigen Überblick über die bisherigen Ergebnisse der geldgeschichtlichen Untersuchungen zu geben. Sommerlad ist es bei seiner Darstellung des mittelalterlichen Münzwesens nicht gelungen, die großen Züge der Entwicklung herauszuarbeiten, er haftet an Einzelheiten, und das von ihm entworfene Bild ist verschwommen und unklar, was sich allerdings zum Teil durch den Mangel genügender Vorarbeiten erklärt. Die Darstellung von Lexis verlegt den Schwerpunkt

---

[1]) Hist. Zeitschr. 1866 S. 213—268.

[2]) Numismatische Zeitschr. Bd. 29 (1897) S. 238 ff. Vgl. auch die Studie desselben Verfassers: „Zur Kipper- und Wipperzeit in Kursachsen", Neues Arch. f. sächs. Geschichte Bd. 15 S. 119 ff.

[3]) Acta Borussica. Denkmäler der preußischen Staatsverwaltung im 18. Jahrhundert, herausgegeben von der kgl. Akademie der Wissenschaft: Das preußische Münzwesen im 18. Jahrhundert, 1904 ff.

völlig auf die neueste Zeit, und gerade die wichtigsten Vorgänge der deutschen Geldgeschichte, nämlich der Eingriff der Reichsgesetzgebung, die Überweisung des Münzwesens an die Kreise und ihre Folgen, die gewaltige Geldkrisis der Kipper- und Wipperzeit usw., sind bei ihm entweder nur angedeutet oder überhaupt nicht berührt. Das Handwörterbuch der Staatswissenschaften, unsere wichtigste Nachschlagequelle zur raschen Orientierung, versagt also auch in der eben erschienenen 3. Auflage für die neuere deutsche Geldgeschichte vollständig, und es würde sich empfehlen, bei der nächsten Auflage doch dem deutschen Geldwesen einen selbständigen und ausführlichen Artikel zu widmen.

Hinsichtlich der Quellen für die Geld- und Münzgeschichte ist ja bereits erwähnt, daß die Münzkunde für die Zeit des Altertums und des früheren Mittelalters die wichtigste Rolle spielt, allein für manche Perioden verschiedener Kulturvölker des Altertums besitzen wir jetzt schon eine erstaunliche Fülle schriftlicher Zeugnisse über den Zustand der Geld- und Währungsverhältnisse. Durch die oben (S. 196) erwähnten Papyrusfunde wird in jüngster Zeit für die Geldgeschichte Ägyptens von der Ptolemäerzeit etwa 1000 Jahre vorwärts ein Material erschlossen, dessen Reichhaltigkeit in Erstaunen setzt. Es ist in solcher Fülle zutage gefördert worden, daß es der wissenschaftlichen Forschung bis jetzt nur zum kleinsten Teil zugänglich gemacht werden konnte. Einen Überblick über die bisherigen Forschungsergebnisse mit zahlreichen Literaturangaben über ägyptische Münzverhältnisse und Währungsfragen bietet Wilcken im ersten Bande seines obengenannten Werkes.[1]) Für die Geldgeschichte Babylons, des wichtigsten vorderasiatischen Handelsgebietes, kommen vor allem in Betracht die Keilschrifturkunden über Kaufakte, Mieten, Darlehn u. dgl., welche sich von babylonischen Städten seit der Mitte des dritten vorchristlichen Jahrtausends nachweisen lassen. Eine große Auswahl solcher Stücke mit Übersetzungen ist von F. Peiser[2]) herausgegeben worden; sie beweisen, daß die Verwendung der Münze noch unbekannt war und die Zahlungen sämtlich in Edelmetall vorgenommen wurden.

Für gewisse Zeiträume des Mittelalters sind wir viel weniger mit schriftlichen Quellen versehen wie für das Altertum. Für das

---

[1]) Wilcken a. a. O. Bd. 1 (hist. Teil) 1. Hälfte S. LXI ff.

[2]) Keilinschriftliche Bibliothek, hrsg. von E. Schrader, Bd. 4 (1896).

Vorhandensein einer Münzstätte, den Beginn des Münzrechtes eines Territoriums usw. sind oft die Münzen, welche aus Grabfunden, Schatzfunden oder Handelsfunden stammen, unsere einzige Quelle. Der Fundort gibt häufig Aufschluß über die räumliche Verbreitung der in einem Territorium geschlagenen Münzen, über die Züge und Richtungen des Handelsverkehrs und vieles andere.

Durch die Forschungen von Dannenberg und neuerdings von Julius Cahn ist festgestellt, daß verschiedene Münzanstalten entweder vorzugsweise oder ausschließlich für den Fernverkehr prägten, ihre Erzeugnisse also nur geringe lokale Bedeutung besaßen. Nur selten sind z. B. die Konstanzer Pfennige durch Heimatfunde ans Licht gekommen; in den meisten Fällen wurden sie im slavischen Gebiet, jenseits der Elbe, an den Küstenländern der Ostsee, in Pommern, Dänemark und Schweden zutage gefördert. Diese merkwürdige Erscheinung ist dadurch zu erklären, daß sich im 10. und 11. Jahrhundert der lokale Verkehr auf dem Konstanzer Wochenmarkt noch fast ausschließlich in naturalwirtschaftlichen Formen vollzogen hat.[1])

Urkundliches Material besitzen wir für die Zeit des früheren Mittelalters in den Volksrechten und Kapitularien, welche durch die Veröffentlichung der Monumenta Germaniae jetzt der Forschung in bequemer Weise zugänglich gemacht werden. Allerdings sind hier die Zeugnisse oft recht spärlich, und sie werden erst ausgiebiger seit Ausbildung der Privaturkunde. In den zahlreichen, bis jetzt herausgegebenen Urkundenbüchern ist zwar viel geldgeschichtliches Material zutage gefördert, aber nur spärlich ausgebeutet worden. Seine Verwertung ist durch das erwähnte Fehlen eines Sachregisters bei den meisten Urkundenbüchern aufs äußerste erschwert, und der geldgeschichtlich Interessierte muß in mühseliger Weise das ganze Material durcharbeiten, um verhältnismäßig wenige Angaben zu gewinnen.

Für die Zeit des Übergangs von der Natural- zur Geldwirtschaft bilden die kirchlichen Einnahme- und Ausgaberegister vorzügliches Quellenmaterial. Eine wichtige Aufgabe der künftigen geldgeschichtlichen Forschung wird es gerade sein, nachzuweisen, welcher Anteil an der Verbreitung und Ausbildung der Geldwirtschaft der kirchlichen Finanzverwaltung zukommt. Die ge-

---

[1]) Cahn a. a. O. S. 48.

waltige Organisation der Kirche umspannte ja die ganze Kulturwelt, und die kirchliche Finanzverwaltung war für die wirtschaftlichen Beziehungen zwischen Rom und weit entfernten Gebieten schon frühe auf geldwirtschaftliche Formen angewiesen. In England bestand schon im 9. und 10. Jahrhundert der Peterspfennig als freiwillige Gabe der angelsächsischen Könige an das römische Pilgerquartier und seit Wilhelm dem Eroberer als regelmäßige, vom Papst geforderte Abgabe an die päpstliche Kammer, die von den Haus-, Vieh- oder Grundbesitzern erhoben wurde.[1])

Schon frühe machte ein streng geregeltes System von Abgaben der Geistlichkeit an die päpstliche Finanzverwaltung einen regelrechten Geldverkehr zwischen Rom und weit entfernten Ländern notwendig, und so erklärt es sich, daß die Kirche bereits eine ausgebildete geldwirtschaftliche Verfassung besaß, als die Territorien und Städte noch tief in der Naturalwirtschaft steckten.[2]) In dieser Hinsicht ist gerade von den jetzt durch die Görres-Gesellschaft herausgegebenen Rechnungsbüchern der päpstlichen Hof- und Finanzverwaltung des 14. Jahrhunderts für die Geldgeschichte ein reicher Ertrag zu erwarten.[3]) Schon der erste Band, welcher die Einnahmen umfaßt und von Emil Göller bearbeitet ist, enthält zahlreiche Nachrichten über die Münzprägung, Abgaben des Münzmeisters an die päpstliche Kammer, die Legierung, den Betrag der Prägung usw.[4]) Insbesondere hat jedoch der zweite soeben erschienene Band, von K. H. Schäfer bearbeitet, welcher die Ausgaben unter Johann XXII. umfaßt, reiches geldgeschichtliches Material zutage gefördert. Vieles davon ist vom Herausgeber auch für die Darstellung verwendet worden, und die von ihm aufgestellten Kurstabellen über die Wertvergleiche des Florentiner Goldguldens mit den von etwa 1200 bis 1375 in Westeuropa umlaufenden Geldsorten sind für die deutsche Geldgeschichte äußerst wertvoll,[5])

---

[1]) vgl. O. Jensen, Der englische Peterspfennig und die Lehenssteuer aus England und Irland an den Papststuhl im Mittelalter, Heidelberg 1903.

[2]) Hinsichtlich des Übergangs von der Natural- zur Geldwirtschaft vgl. W. Lotz, Das Aufkommen der Geldwirtschaft im staatlichen Haushalt (= Volkswirtschaftliche Zeitfragen Nr. 238), Berlin 1908.

[3]) Näheres über diese Quellen siehe oben S. 36 ff.

[4]) vgl. auch P. M. Baumgarten, Vatikanische Akten zur Geschichte der päpstlichen Hof- und Finanzverwaltung von 1316—1378, Hist.-pol. Blätter für das kath. Deutschland Bd. 145 (1910) S. 719.

[5]) Der umfangreiche geldgeschichtliche Teil der Arbeit von Schäfer ist

wenngleich von numismatischen Sachverständigen an der Arbeit von Schäfer erhebliche Ausstellungen gemacht worden sind.

Mit dem 14. Jahrhundert beginnen die schriftlichen Quellen für die Münz- und Geldgeschichte überhaupt reichlicher zu fließen. Neben den massenhaft überlieferten Urkunden über abgeschlossene Rechtsgeschäfte, den Gültbriefen, Stadtrechtskodifikationen usw. sind die städtischen Rechnungsbücher,[1]) welche jetzt allgemein aufkommen und sich für manche Städte lückenlos bis zur Gegenwart erhalten haben, als wichtige Quelle zu bezeichnen. Mit ihrer Hilfe lassen sich die Münzrechensysteme, die Ankäufe und Preise von Edelmetall, das Wertverhältnis der verschiedenen Sorten zu einander, der Schlagschatz und vieles andere feststellen.

Einen noch weit besseren Einblick in diese Dinge ermöglichen die vom städtischen Münzmeister geführten Rechnungsbücher und die zugehörigen Akten, die allerdings gewöhnlich erst zu Ausgang des Mittelalters beginnen. Sie gewähren vollen Einblick in alle Prägungsverhältnisse und ermöglichen, die wichtigen währungspolitischen Grundsätze in die Vergangenheit zurückzuverfolgen. Gerade das münzpolitische Moment ist von den meisten Arbeiten nicht berücksichtigt worden, und es wäre zu wünschen, daß bei geldgeschichtlichen Untersuchungen insbesondere das zahlenmäßige Verhältnis der einzelnen Sorten, die Umprägung verrufener Münzen, die Bezugsquellen für den Ankauf von Edelmetallen, die Menge der geprägten Münzen pro Kopf der Bevölkerung, falls letztere festzustellen ist, eingehender untersucht würde, als dies bisher geschah.

Es ist bekannt, daß bei der territorialen Zersplitterung des deutschen Münzwesens stets eine große Menge der verschiedensten Münzsorten gleichzeitig im Umlauf gewesen ist. Insbesondere war dies bei Orten mit regem Handels- und Meßverkehr der Fall. Die Kaufleute aus aller Herren Länder brachten ihr eigenes Geld nach den Meß- und Handelsstädten mit und vermehrten so die Zahl der umlaufenden Sorten oft ins Ungemessene. Manche von den fremden Münzsorten erhielten durch Tarifierung den Charakter als Kurrantgeld, und wir kennen die wichtigsten jeweils umlaufenden

---

auch separat erschienen unter dem Titel: K. H. Schäfer, Der Geldkurs im 13. und 14. Jahrhundert, Kurstafeln und urkundliche Wertvergleiche des Florentiner Goldgulden zu den Edelmetallen und den wichtigsten europäischen Gold-, Silber- und Scheidemünzen, Paderborn 1911.

[1]) Näheres über den Wert dieser Quellen im allgemeinen s. oben S. 35 ff.

Sorten aus den zahlreichen Münztarifen, welche meistens durch den Druck veröffentlicht oder sonstwie bekannt gemacht wurden. Allein diese tarifierten Sorten bilden nur einen kleinen Teil der umlaufenden Münzen, eben nur die obrigkeitlich ausdrücklich zugelassenen.

Eine bisher noch nicht beachtete Quelle zur Feststellung der in einem bestimmten Wirtschaftsgebiet umlaufenden Sorten besitzen wir in den gerichtlich aufgenommenen Vermögensinventaren verstorbener Personen, die uns an manchen Stellen (z. B. im Frankfurter Stadtarchiv) massenhaft überliefert worden sind. Die Vermögensbestände sind so genau aufgezeichnet, daß bei den Barvorräten die einzelnen Sorten genannt werden, sogar der Inhalt der Sparbüchsen ist genau verzeichnet. Schnapper-Arndt hatte seinerzeit den Versuch unternommen, die Inventare nach dieser Richtung für geldgeschichtliche Forschungen zu verwerten, und in seinem Nachlaß befindet sich unter anderem noch eine sehr wertvolle Zusammenstellung, welche den Zeitraum von 1500 bis 1800 umfaßt und die in den Inventaren und Depositenbüchern des Frankfurter Stadtarchivs verzeichneten Münzsorten wiedergibt.

Um die deutsche Geldgeschichte auf eine einigermaßen sichere Grundlage zu stellen, ist es vor allen Dingen nötig, daß das unermeßlich weitschichtige Material, welches in Münzedikten überliefert ist, wenigstens in den allerwichtigsten Stücken in zuverlässigen Ausgaben der wissenschaftlichen Forschung zugänglich gemacht wird. In dem umfangreichen und sehr verdienstvollen Sammelwerk von Hirsch[1]) wird zwar ein umfassendes Material an Münzedikten des Reichs, der Kreise, Territorien und freien Städte vorgeführt. Allein der Abdruck ist nicht zuverlässig, und vor allen Dingen gibt Hirsch nur einen Teil des Materials wieder, auch ist die Auswahl bei ihm eine ziemlich willkürliche. Was not tut, ist eine streng lokal vorgehende, kritische Ausgabe aller wichtigen gesetzlichen Vorschriften über das Münzwesen im Reich, den wichtigsten Territorien und freien Städten sowie der Münzgesetze in den zehn Reichskreisen, die seit 1571 mit der Durchführung des Münzwesens betraut wurden.[2]) Allerdings ist die Arbeit eine gewaltige und übersteigt bei weitem die Kraft eines einzelnen,

[1]) J. C. Hirsch, Des Teutschen Reiches Münzarchiv, 9 Teile, 1756–1768.

[2]) Für Frankfurt ist eine Sammlung der Münzedikte durchgeführt worden von dem Senator Cleynmann, dessen „Diplomatarium monetarium" im Frankfurter Stadtarchiv aufbewahrt wird.

sie kann daher nur bei entsprechender Arbeitsteilung und durch eine Anzahl geeigneter Fachleute bewältigt werden. Schon die Durcharbeitung der Kreismünzakten erfordert einen außergewöhnlichen Aufwand an Zeit und Arbeitskraft. Um das Ziel zu erreichen, wäre eine planmäßige Organisation etwa durch eine gelehrte Gesellschaft oder ein eigens zu begründendes Institut empfehlenswert. Die Publikation dieser Denkmäler der deutschen Münz- und Geldgeschichte wäre eine verdienstvolle und dringliche Aufgabe der deutschen Geschichtsforschung und den Veröffentlichungen der Monumenta Germaniae, der Reichstagsakten und der hansischen Geschichtsquellen würdig an die Seite zu stellen.

Viel zu wenig berücksichtigt ist auch in der deutschen geldgeschichtlichen Forschung die Popularliteratur, welche sich in Zeiten wirtschaftlicher Krisen oft sehr eingehend mit dem Münz- und Geldwesen beschäftigt hat. Unter dem Einfluß der Reformation ist im 16. Jahrhundert eine weitverbreitete Flugschriftliteratur entstanden, die sich anfangs nur mit theologischen Fragen, später aber auch sehr eingehend mit den Problemen des Wirtschaftslebens beschäftigt hat und insbesondere im 17. Jahrhundert, zur Zeit der Kipper und Wipper, eine große Ausdehnung gewann.[1]

Der Wert dieser Schriften ist sehr verschieden, und sie sind natürlich wie alle Flugschriften als Geschichtsquelle nur mit Vorsicht zu benutzen. Neben einer Menge von minderwertigen oder gar wertlosen Erzeugnissen gibt es zahlreiche theoretisch hochachtbare Leistungen, wie z. B. das bekannte als Flugschrift verbreitete Gutachten des Reichspfennigmeisters Geizkofler, die von W. Lotz herausgegebenen albertinisch-ernestinischen Münzschriften oder das von Gothein ans Licht gebrachte Colloquium zwischen Bürger, Bauer und Edelmann.[2] Treffliche literarische Erzeugnisse der älteren Literatur vom Geldwesen sind schon völlig vergessen, und es wäre verdienstvoll, eine Auswahl der besten von ihnen durch Neudrucke wieder bekannt zu machen, um unsere Kenntnis

---

[1]) Eine kurze Charakteristik dieser Flugschriftenliteratur gibt W. Roscher in seiner „Geschichte der Nationalökonomie in Deutschland" 1874 S. 173—182. Seine Darstellung ist jedoch keineswegs erschöpfend, sondern berücksichtigt nur einige besonders wichtige und stark verbreitete Schriften.

[2]) Die beiden von Lotz und Gothein besorgten Neudrucke sind erschienen in der von Brentano und Leser herausgegebenen „Sammlung älterer und neuerer staatswissenschaftlicher Schriften des In- und Auslandes" (Nr. 2 und 3).

vom deutschen Geldwesen der Vergangenheit auch literargeschichtlich auf eine sichere Grundlage zu stellen.

Der Aufbau einer deutschen Münz- und Geldgeschichte setzt also eine gewaltige und mühselige Vorarbeit und das Zusammenwirken der verschiedensten Gelehrtenkreise voraus. Den Erfolg für die gesamte deutsche wirtschaftsgeschichtliche Forschung kann man kaum hoch genug einschätzen. Da entsprechend der lokalen Zersplitterung des deutschen Geldwesens nur eine große Anzahl lokalgeschichtlicher Forschungen die erforderliche Grundlage liefern können, so wären besonders die landesgeschichtlichen Publikationsinstitute die berufenen Organe zur Förderung dieser Bestrebungen. Ihre erste Aufgabe sollte es eigentlich sein, die Wirtschaftsgeschichte ihres Gebietes durch die Herausgabe einer Münz- und Geldgeschichte auf sicheren Boden zu stellen, ehe sie sich an die Erforschung wirtschaftsgeschichtlicher Einzelheiten begeben. Allerdings wird vorläufig die Hauptschwierigkeit sein und für längere Zeit auch bleiben, geeignete Persönlichkeiten für die Bearbeitung lokaler Münz- und Geldgeschichten zu gewinnen, allein wenn einmal die wissenschaftliche Numismatik eine bleibende Stätte an unseren Universitäten erhält, wird auch diesem Mangel bald abgeholfen sein.

Robert Noske Borna-Leipzig, Großbetrieb für Dissertationsdruck.

FSC
www.fsc.org
MIX
Papier | Fördert gute Waldnutzung
FSC® C083411

Kolibri 360 GmbH
Ferdinand-Jühlke-Straße 7
99095 Erfurt, Deutschland
produktsicherheit@kolibri360.de